시인의 계절

구름 꽃들이
연못에 여울을 그려 넣으면
너의 얼굴도 피어나는 거야
그 계절이 다 가도록

동인지 참여 詩人
양상원 나영민 박효정 허장강 한혜종
용환업 방경희 이향숙 서라성 어성달

본 동인지에 실린 글은 모두 저작권이 보호됩니다.

동인지 '시인의 계절'을 발간하며

눈이 녹을 즈음 피는 꽃이 봄을 알리면
누군가는 졸업장을 받고,
누군가는 입학을 합니다.

그렇게 시작한 사계는
하늘과 바람, 구름과 비, 낮과 밤을 거치면서
시인들에게 먹잇감을 주며 살찌우기도 하고
아픈 흔적을 뒤돌아보며 상처를 치유하기도 합니다.

날아가는 새 한 마리도 놓치지 않고
숨어 우는 귀뚜라미 소리도 찾아내어
아름다운 보석 같은 시를 만들고 있는 시인들 중에서
열 분을 동인지에 모셨습니다.

사람마다 살아온 인생이 다르듯이 다양한 스펙트럼을 갖고
있는 시인들의 작품이 이번 동인지에 구성되어 있습니다.

뷔페에서 음식을 맛보듯 1인 15편씩의 시를 통하여
시인들의 문학세계와 삶, 그리고
철학을 함께 감상하시기 바랍니다.

감사합니다.

2016. 10. 1.
발행인 양상원

詩人의 季節

詩人	수록 작품 목차	쪽
어성달	비 개인 오후 外 14편	14-31
서라성	영화처럼 아이처럼 外 14편	32-47
이향숙	단풍지다 外 14편	48-63
방경희	넌 구월이 좋니 外 14편	64-80
용환업	님 사랑 外 14편	82-97
한혜종	나는 찬양합니다 外 14편	98-113
허장강	비 外 14편	114-129
박효정	얼룩빼기 사과나무 外 14편	130-146
나영민	인간관계 外 14편	148-163
양상원	흰 양말과 어느 노점상의 딸 外 14편	164-181

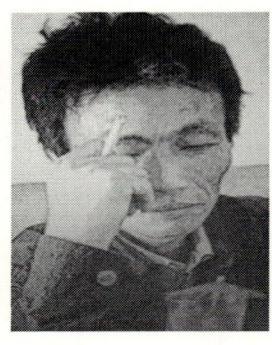

□시인 어 성달
□호: 유수(流水)
□출생: 부산 서구 부민동
□부산 국가 산업단지 잠수함사업부
□시인의 계절 동인지 시인

비 개인 오후   P14-P31

1. 가을비
2. 별리
3. 사랑, 아다지오 칸탄데
4. 잉태
5. 정모

6. 생존
7. 피아노와 크레파스
8. 비 개인 오후
9. 충주 그리고 그 기억의 끝
10. 산복 도로 감천2동

11. 가을비와 시집 한 권
12. 산동네 봄
13. 섬 집 아이
14. 봄비 내리던 날
15. 별리2

□시인 서 라성(徐羅星)
□호: 사예(思藝)
□출생: 전남 목포
□보험법인 GA코리아 팀장
　(前: 금융감독원)
□청일문학 등단
□시인의 계절 동인지 시인

영화처럼 아이처럼　　P32-P47

1. 비처럼
2. 보고 싶은 마음
3. 희망
4. 영화처럼, 아이처럼
5. 사람이 돌아보지 않는다

6. 가시
7. 이창
8. 봄볕
9. 이별은, 사랑은
10. 바람이 풀잎에 앉듯이

11. 그냥 살아지는 삶일지라도
12. 선물
13. 등
14. 기다림
15. 꽃으로는 오지 말아요

3

□시인 이 향숙
□호: 조은(釣隱)
□출생: 전남 광산군 본량
□아모레퍼시픽 근무
□문학애 참여 시인
□시인의 계절 동인지 시인

단풍 지다　P48-P63

1. 내일을 꿈꾸다
2. 동행
3. 아버지
4. 그에게로 달려가
5. 하루

6. 마음의 집시
7. 열애
8. 할머니의 지팡이
9. 초대
10. 소래 포구에서

11. 별
12. 회귀
13. 단풍 지다
14. 이별
15. 떠 있는 바다

☐시인 방 경희
☐호: 향진(向眞)
☐충남 논산 출생
☐동해문학 등단
☐시가 있는 마을회관 동인지 시인
☐시인의 계절 동인지 시인

넌 구월이 좋으니   P64-P80

1. 택배
2. 채움
3. 혜안
4. 상처
5. 한가위

6. 날씬한 달
7. 이승과 저승의 견우와 직녀
8. 곤충의 삶
9. 넌 구월이 좋으니
10. 위로

11. 잃어버린 희망
12. 약 오른 더위
13. 잘 가시게
14. 한바탕 어울림
15. 너와 나

□시인 용 환업
□출생: 강원 홍천군
□천원단지 조경팀 근무
□시인의 계절 동인지 시인
□시가 있는 마을회관 동인지 시인

님 사랑   P82-P97

1. 계획
2. 깊은 밤
3. 눈물
4. 님 사랑
5. 맑은 사랑

6. 무심한 사람
7. 사랑
8. 사랑의 마음
9. 생각
10. 소녀

11. 슬픔
12. 아내
13. 예술
14. 인생 중년
15. 주말

□시인 한 혜종
□호: 송랑(松浪)
□출생: 경기도 화성
□음악학원 원장
□시가 있는 마을회관 동인지 시인
□시인의 계절 동인지 시인

나는 찬양합니다.   P98-P113

1. 나는 찬양합니다
2. 잠이 없는 밤
3. 주의 손을 꼭 잡고
4. 삼일 후, 새벽에 당신께 다가가며
5. 주일 새벽

6. 키리에
7. 낡은 가죽부대 같은 내 신앙
8. 고해
9. 에스더의 기도
10. CCTV

11. 신앙인으로 아직 먼 길
12. 복에 복을 더 하소서
13. 일엽편주(一葉片舟)
14. 오르가니스트
15. 당신을 만나는 기도

- 시인 허 장강
- 호: 자삼(自森)
- 출생: 충북 단양
- 시인의 계절 동인지 시인
- 시가 있는 마을회관 동인지 시인

비   P114-P129

1. 가마니 인생
2. 유월의 태양
3. 단풍나무 그늘 아래
4. 벚꽃이 떠나버리던
5. 님

6. 여자의 마음
7. 청소(덥다 더워)
8. 불효 (논두렁에서)
9. 가을 문턱
10. 첫 직장 경동탄광

11. 세월
12. 비바람
13. 칡넝쿨
14. 목탁소리
15. 비

□시인 청아(淸雅) 박 효정
□출생: 충남 당진
□시인의 마을 동인지 시인
□시가 있는 마을회관 동인지 시인
□나들목의 향기 동인지 참여
□마음의 향기가 머무는 곳 동인지 참여

얼룩빼기 사과나무 P130-P146

1. 수제비
2. 얼룩빼기 사과나무
3. 간혀버린 영혼
4. 인고의 물 텀벙이
5. 추장군 오시는 날

6. 무료한 날
7. 쏟아지는 별 아래
8. 아픔 하나
9. 비에 젖은 초록 반란
10. 깊은 밤손님

11. 상념을 세탁한다
12. 떠나고 빈 자리
13. 날아오른 고추
14. 황금 들판과 허수아비
15. 쭉정이

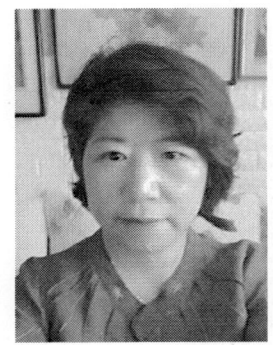

□시인 나 영민
□호: 진화(眞花)
□출생: 부산광역시
□현대시선 등단
□시인의 계절 동인지 시인
□시가 있는 마을회관 동인지 시인

인간관계   P148-P163

1. 꽃들이여
2. 창고에 갇힌 날
3. 계절 꽃
4. 고난(苦難)
5. 무덤은 말한다

6. 인간관계
7. 진정할 지어다
8. 백년지기 인연
9. 누룽지 한 그릇
10. 생각의 나래

11. 햇볕 쪼이기
12. 순수를 본다
13. 하루 살아내기
14. 화단에서 피어난 그리움
15. 그리운 고향

- 시인 범당(梵堂) 양상원
- 출생: 전남 곡성
- 대한법률학원 원장
- 시사 문단 등단
- 시인의 계절 동인지 시인
- 시가 있는 마을회관 동인지 시인
- '풍차 돌리는 정치마을' 발표
- '하얀 들꽃' 발표

흰 양말과 어느 노점상의 딸   P164-P181

1. 1990년 달동네 여름 풍경
2. 흰 양말과 어느 노점상의 딸
3. 사랑은 입술입니까
4. 바다 향이 그리운 그 여름 밤
5. 어느 날 오후의 재회

6. 돌담
7. 매미와 수도자
8. 그대가 품은 그 달은
9. 지우고 다시 쓰자
10. 한계령 넘어 내님이

11. 100m 달리기
12. 갈매기
13. 아버지의 편지
14. 오월의 어머니
15. 백화점 양복 코너에서

詩人의 季節

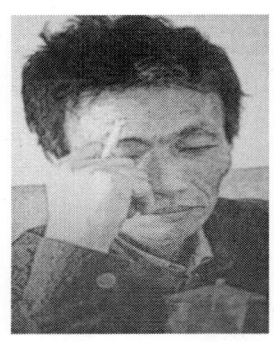

□시인: 어 성달
□호: 유수(流水)
□출생: 부산 서구 부민동
□부산 국가 산업단지 잠수함사업부
□시인의 계절 동인지 시인

비 개인 오후

1. 가을비
2. 별리
3. 사랑, 아다지오 칸탄데
4. 잉태
5. 정모

6. 생존
7. 피아노와 크레파스
8. 비 개인 오후
9. 충주 그리고 그 기억의 끝
10. 산복 도로 감천2동

11. 가을비와 시집 한 권
12. 산동네 봄
13. 섬 집 아이
14. 봄비 내리던 날
15. 별리2

1. 가을비 / 어 성달

밤 새 별을 품고 가버릴 당신에게
흐드러진 쑥부쟁이 수놓은
우산 하나 주련다.

애틋한 숨결
처연한 비가
나의 정원을 어우르고
더하여 짙어진 당신의 무향 빛 머릿결

한 줄기
빚어낸 가을비
붓 끝에 그려낸다

사랑으로 내리는
한 편 당신의 가슴에
화폭으로
어찌
그대 소리 없이 오시는지

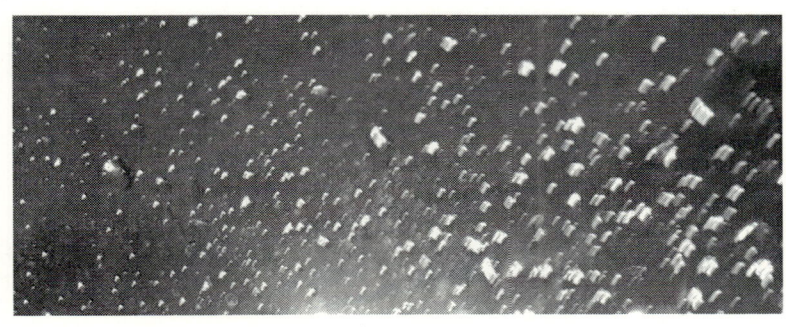

2. 별리 / 어 성달

그 해 유월
아내의 뼈를 낙동강변에 뿌리고 돌아와
뜨거운 용광로에 사라져간
진홍색 블라우스를 기억한다

동백 섬
흐드러지게 피어난 동백꽃 한 잎을
소담히 담았던 그 진홍빛 블라우스는
불길에 닿자마자 잠시도
머물지 않고 아내의 눈물이 되었다

목련 꽃이 눈물 글썽이며 피던
그 어느 사월에
당신보다 더 외롭고
가난한 사람을 만난다면
윤택하게 가슴을 터놓고 살고 싶다고
그 미소, 적막보다 더 무거운 추로
가슴에 매달렸다

깐깐한 시 부모 등쌀에
얼굴 가득 일 년 내내 겨울바람 불고
연애는 아름다운 오해
결혼은 참혹한 이해라고 스스로
가슴 속 커다란 바다를 품고 고개 떨군
세상에서 가장 쓸쓸한 독백

아내는 그렇게 그 해 유월
나비처럼 꽃잎처럼 스스로 생을 날렸다

아무것도 변명 할 수 없는 지난 과거와
무엇 하나 아내를 위해서 잘한 것 없는
내 자신의 가슴을 찢으며
두 딸 아이의 통곡 소리가 구슬퍼
숨죽여 흐느끼고 있었다

차마 소리 내어 울 수가 없었다

3. 사랑, 아다지오 칸탄데 / 어 성달

이적의 노래 꽃병을 들으면
가슴에 따라 부르는 바람소리
그대가 달려올 것 같아 가만히 기다립니다

꽃병 한 줄 가사가 나를 부르는 것 같아
귀 기울이면 바람소리만
울컥 울컥
눈물주머니만 달고 왔지요

사는 동안
사랑이 허락하는 날
그 단편적 사랑을 따라가다 보면
그대는
바이올린 느린 음색이거나
마지막 붓 칠을 기다리는 미완성 유화 일겁니다

벼랑 끝 같던 내 삶에 그대는
꽃병 같아서
다가서면 내 사랑의 무게에
야윈 심장 실금이 가는 그대
나 오늘은 어떤 마음으로 그대에게
사랑의 조약돌 하나 얹어야 할까요

4. 잉태 / 어 성달

어항에 물을 갈 때
내 눈앞에서부터 물속 위로 가지런히
구피가 낳은 새끼 네 마리
사방에 놓인 분만의 자취
되돌아 가만히 보니 내가 그 속에 있다

문득 떠 올린 시 한 줄이
광대한 열대 우림 속
한 그루 나무로 변하는 때
미처
분만의 고통을 느끼지 못한 내가 같이 있다

혼돈뿐인 세상
때가 묻은 창호지에
맑은 침을 바르듯 손가락으로 따라가는 마음
그 변두리에
색 바랜 햇살이 늘 가슴에 와 박힌다

이름도 모습도 어여쁜 그녀
뜬금없이
뱃속에서 그녀가 자라나고
분만의 날을 기다린다

5. 정모 / 어 성달

산다는 것이
사소한 마음이면 좋겠습니다
사모하는 마음과 우정은
맑음이었음 좋겠습니다

세상의 꽃봉오리 속에 갇혀
달콤한 한 생애와 시름
한 줄의 시와 음악과 웃음을 담보로 쓰며
변하지 않는 것이 있다면
처음과 마지막이란 말을 아끼는 겁니다

밤마다 미역 감던 은영이 속살을 훔쳐보던
추억이 그립듯
오십 줄 젓가락 두들기던 대폿집 오라던
친구가 그립듯
사는 게 너무 뻔해서 그리운 얼굴 그립듯

정모란
초등학교 삐거덕 거리던 마루 복도에서
검은 치마 쌀랑거리며 뛰놀던
가스나 치마 들추며 깔깔거리던
마른버짐 사내아이들이 어른 되어
한 번쯤 어린 모습으로 돌아가서
살 내음이 늦도록 다녀가는 별밤을
흔들어 보는 만남입니다

6. 생존 / 어 성달

진저리를 칠 만큼
더운 아스팔트 위에 두통약 몇 알을 처박으며
이쁘게 탈색된 생존을 위한 라면을 사러 간다

사타구니에서 달랑달랑
목 놓아 울어대는 매미

요놈은
횡단보도에서 길을 잃은 채
말간 눈물을 뱉는다

그저
떠나간 목마의 울음처럼

이제 살아야겠다

7. 피아노와 크레파스 / 어 성달

내 마음 도화지 위에
일곱 가지 크레파스로 그려낸
그대의 미소에
그토록 아름다운 무지개가 있었다는 것
알 것 같다

노란 색깔의 크레파스 하나
그대의 가슴에 우산 하나 그려주고

피아노가 놓인 언덕길 오를 때
바람들의 맑은 웃음소리로 깨금발 뛰며
오르던 음표 하나

건반을 타던 손가락 사이로
파란 크레파스로 그린 풍경을 만나고

하얀 건반 꼭꼭 누를 때마다
내가 사랑하는 그대가
미술관의 유화였는지 비로소 알 것 같다

8. 비 개인 오후 / 어 성달

비가 그치던 날
햇살 데려와 옷고름 풀어헤친
텃밭 나리꽃들의 미소가 곱다

빗물이 뜨락까지 올라온
아파트 사람들은 창문을 연다

곰팡이처럼 눅눅한 상념을 털어 내던 날
그 야속한 하늘 끝
약속이나 한 듯 햇살 놓아주고
모든 꽃들이 인사하는 저녁

비 때문에 창틀에 숨어있던 풍금 소리
아기처럼 웅크린 자작나무 꽃잎 위로
깡충깡충
깨금발로 뛰어다닌다

9. 충주 그리고 그 기억의 끝 / 어 성달

오랫동안 그곳에 가보지 못 했다
젖은 안개를 껴안고 사는 도시
비릿한 풍경이 물 비닐 막에 잠겨
물고기 지느러미처럼 꿈틀거리는 그곳
유년의 시간이 새떼처럼 날아오르는 충주댐
그곳은
내 유년의 슬픈 유배지다

오래전
어머니와 그곳을 지나친 적이 있다
지금처럼 하늘이 맑은 여름 날 이었던가
애닲은 물새 소리가 어머니의 눈 속에 머물 때
어머니의 눈가에 눈물이 고일 때
잔잔히 흐르던 달천강 강물의 고요도 깨졌다

30년이 지난 후 내가 이곳에 와 있다
유년의 아픈 기억들이 새떼처럼 앉았다가
부러진 날개를 펴며 푸드득
날아가면 강물은 은빛 물결을 끌고 와
찰랑거리다가 돌아간다

그래서일까?
꿈처럼 언제나 흑백 사진으로
표정 없는 얼굴로 어머니는 젖은 옷자락을 끌며
강 건너에서 손을 흔들어 댄다

그 얼굴 희미하게 지워지고 그 기억의 끝자락
밤안개에 젖은 내가 서 있다

그리고 유년의 아픈 기억은 다시 왔던 길을
달빛에 비추어 다시 돌아갈 것이다
강물에 떠있는 파리한 별 몇 개 밟고서

10. 산복 도로 감천2동 / 어 성달

17번 종점을 지나 삼거리 약국을 커브로 돌면
나를 반기는 꽃집이 있다
햇살 뒤집어쓰고
쓸쓸히 수국의 얼굴을 비비면
엉덩이 큰 꽃집 아줌마 미소가 곱다

무거운 발걸음 끝에 매달린 달님 그림자
가로등 빛 잃은 전구와 62계단 오르며
부르던 장사익의 동백 아가씨
때론
비틀 거리는 발걸음이 희망을 심는 곳이다

위태롭게 발라놓은 콘크리트 집
가슴을 다치기도 하지만
내 마음 한자리 빗금으로 내려앉아
우는 빈 집

밤 나무숲에서 바람 부는 쪽으로 마음 기우는
정액 냄새 그윽한 밤꽃을 그리며 떠난
영세민들의 가슴이 살아 있기 때문

부산시 사하구 감천 2동에는
문화 마을이 있고
청동 물고기가 노니는 산사가 있고
바람 부는 쪽으로 은빛 지느러미 빛나는
바다가 있다

뽀얗게 달그림자 머리에 이는
나의 정다운 고향 언덕배기가 있다

11. 가을비와 시집 한 권 / 어 성달

하늘이 온통 회색 물감으로 칠해진 어느 가을날
조병화 시집 한 권을 읽다가
문득
토끼풀 고운 언덕배기 가을비 내리면
샴푸 냄새 그윽한
그대의 젖은 머릿결은 한 줄 시
어루만지다가 눈부신 얼굴 그리우면

동그랗게 퍼지는 가을비 보면서
내 생에 가장 소중한 그녀
얼굴 떠 올리며
가을비 아름답게 내리는 오후
사랑하는 사람에게
시집 한 권을 드리고 싶습니다

12. 산동네 봄 / 어 성달

산동네 봄은 언제나 늦다
밤마다 바람이 창문을 할퀴면
밤새 그치지 않는 기침에 놀라 설치는 잠
겨울이 끝날 무렵까지 기침을 했다

소염 진통제로 버티다
국민건강보험에서 공짜로 받는
종합검진 받는 날

작은 프라스틱 통에 똥 받아 오라는
간호사의 퉁명한 목소리
일당받이 사무실 경리의 모습과
무척 닮았다고 생각했을 때
세상은 공짜는 없는데 참으로 멋쩍은 하루
씨팔 씨팔 대며 돌아오는 산복 도로
하얀 보름달이 아무것도 못 본 척
내 뒤통수를 때리며
봄은 내게로 다급하게 휘어들었다

감천 2동에 잠시 머물 때
때론 세끼 밥보다 더 절박했을 한 끼의 사랑
봄날의 아지랑이처럼
물 비닐 막처럼 축축이 접혀있었다

13. 섬 집 아이 / 어 성달

밤마다 어머니는 나를 업어 주셨다
라일락이 자장가와 어울려
어머니의 어여쁜 미소로
등 위에 피어 있었다

등 위에 업혀 달빛이 밝은 밤길을 거닐다 보면
어머니의 등은 거친 바다였다는 것을
그곳엔
날개 다친 물새가 바람에 지쳐 우는데
어머니의 등과 내 가슴이 만나는 수평선
그 위에 떠오르는 작은 별은
어머니가 그려준 나의 작은 섬이었다

아가야
별처럼 아름답게 세상을 살 거라

바다 위로 날리던 자장가는
파도에 섞여 별빛에 반짝일 무렵
어머니는 웃었다
어머니의 등은 바다였고 나의 작은 섬이었다

진물 나도록 시린 바다가
어머니 등위로 올라 있을 때
그 위로 노랑나비 한 마리 나풀거리고 있었다

14. 봄비 내리던 날 / 어 성달

봄비 내리던 날
퇴근길 한 번쯤
물빛 향에 담뿍 스며든다는 것

우산 없이
간지러운 입맞춤에 가슴은 콩닥
온 거리가 뜀박질
손수건 한 올로 머리 가린 아가씨
젖은 속옷 다 보인다고
길섶 가로수 미소가 곱다

15. 별리2 / 어 성달

수의를 입고 꽃신을 신은
당신의 몸 위에는 음악이 없었다
죽음의 침실
검은 띠를 둘러맨 사진 속의 여인
흐린 조명 아래서
지난 세월 부스러기를 담고 있다
너무 슬퍼서 그리우면
당신의 품 안으로 돌아갈 것을

이 세상엔 용서받고 용서 못할 일이 그리 많았던가
비로소 모든 사랑을 체념하는 순간
은어처럼 빛나는 지난 사랑이 낯선 이유
난 알지 못해요
조금이라도 남아있을 당신의 샴푸 냄새가
그리우면 편지를 쓸 겁니다

눈물이 한음씩 밀려나와
당신이 비워둔 내 가슴의 빈 방에서
딸아이와 부둥켜안고 우는 지금은
오후 세시 반

모든 걸 용서하고 울고 싶을 때
얼어붙은 당신의 몸 위로 떨어지는
비에 젖은 시 한 줄

- 시인: 서 라성(徐羅星)
- 호: 사예(思藝)
- 출생: 전남 목포
- 보험법인 GA코리아 팀장
  (前: 금융감독원)
- 청일문학 등단
- 시인의 계절 동인지 시인

영화처럼 아이처럼

1. 비처럼
2. 보고 싶은 마음
3. 희망
4. 영화처럼, 아이처럼
5. 사람이 돌아보지 않는다

6. 가시
7. 이창
8. 봄볕
9. 이별은, 사랑은
10. 바람이 풀잎에 앉듯이

11. 그냥 살아지는 삶일지라도
12. 선물
13. 등
14. 기다림
15. 꽃으로는 오지 말아요

1. 비처럼 / 서 라성

그 사람 속이야
도무지 알 수는 없지

그냥 내가 좋아하는 것들을
그도 좋아하기를 바랄 뿐이지

먼 길 온 비가 무념하게
바닥에 눕듯이 말이야

2. 보고 싶은 마음 / 서 라성

당신을 보고 싶은
내 아득히 깊은 마음이

바람에 휘청이는 이 새벽에
홀로 솟았구나

소리 없이 날아가는
내 시선이 붉은 꽃을 피우는데

새 날의 해가 떠야
너는 낮달처럼 숨겠구나

3. 희망 / 서 라성

보이는 길에는
살지 않습니다
약속도 하지 않고
시간도 모릅니다

희망이라는 그이는
그렇게나 무정합니다
희망이라는 그이는
신을 닮아 있습니다

그래도 우리는
마음속에 품어야 합니다
늘 실망하고 다쳐서
내버리고 싶다 해도 말입니다

4. 영화처럼, 아이처럼 / 서 라성

그는 늘 말했다

죽는 날까지
영화처럼 사랑할 거라고

이별이 정말 두려워야
진짜 사랑인 거라고

그녀는 늘 바라보았다

이미 사라진 별이 뿜어낸
별빛을 보는 아이처럼

숲 속 틈새로 보이는
파아란 하늘을 덮듯이

5. 사람이 돌아보지 않는다 / 서 라성

벽 사이에 빛이 놀고
벽 사이로 바람이 산다

무심히 벽을 쌓은
사람과 사람 그 사이에도

그랬으면 좋겠지만
사람이 돌아보지 않는다

6. 가시 / 서 라성

지킬 것 하나도 없는
마음 가난한 사람들이

왜 평생 품에 가시를
부여안고 살아가는지

아무도 해칠 수 없는
종이로 만든 그 가시는

그저 내버려두라는
한줌의 넋두리일 뿐

7. 이창 / 서 라성

사람의 마음은 말예요
문인 것 같지만
사실은 창이랍니다

다 보여서 다 안다고
착각하는 그 순간
산산이 조각나는
유리창이랍니다

서로가 같이 찔리고 마는
비수 같은 창이랍니다

8. 봄볕 / 서 라성

새끼발톱까지도
다 어루만지는 거야
그래서 봄볕이야

사랑할 때는
그런 봄볕 같아야 해

그 사람의 발가락도
이뻐야 하는 거야

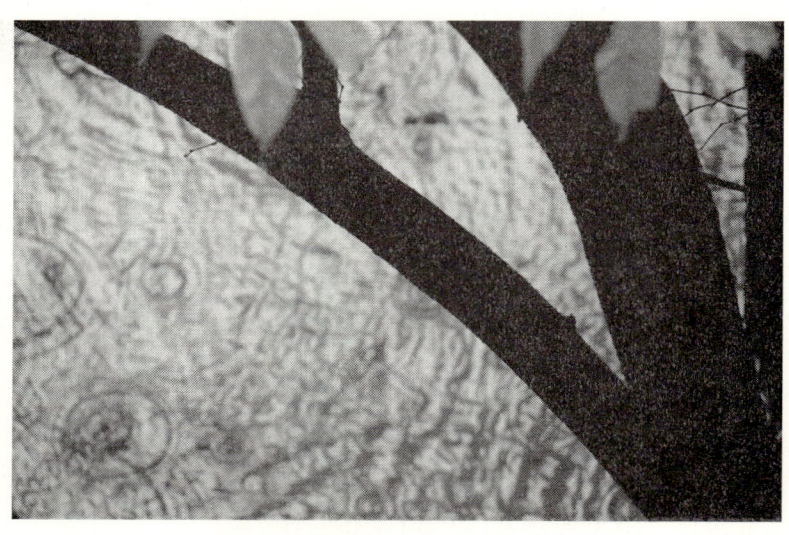

9. 이별은, 사랑은 / 서 라성

이별은
헤어질 때가 아니라
잊혀질 때야

사랑은
만날 때가 아니라
그리울 때야

10. 바람이 풀잎에 앉듯이 / 서 라성

그대 나를 사랑할 때
바람이 풀잎에 앉듯이
그렇게 할 수 있나요?

그대 혹시라도
우리가 이별할 때에도
그렇게 할 수 있나요?

나는 정말 괜찮아요
나는 늘 그대를 향하여
무릎으로 걸을 테니요

11. 그냥 살아지는 삶일지라도 / 서 라성

그냥 살아지는 삶일지라도
부디 사라지지 말아요

제자리걸음일지라도
나비처럼 춤 추어요

아직도 만나지 못한
많은 사람들이 기다리고 있어요

삶은 기다리는 거예요
내 안에 숨은 수많은 나들을요

12. 선물 / 서 라성

쌀을 씻어 밥솥에 넣는다
널브러진 옷들을
주섬주섬 세탁기 안에 넣는다
매끈한 세제를 풀어
내 입술이 묻은 그릇들을 씻는다

오십년이나 지나서
새로 시작하는 생활들이다
내 꺼 라고 부르던
그녀가 주고 간 서러운 선물이다

그렇게 매일 그녀의 선물을
무심히 풀어보고 나서야
흰 천장을 보며 긴 숨을 내쉰다

13. 등 / 서 라성

내가 아닌
그의 손이 닿아야
더 좋은 곳이 있었지요

그의 손이 닿았던
내 등은
키스가 춤추는
도가니가 되어
그 영혼을 안았었지요

그가 없는 내 등은
이제 백만 년을 갉아먹은
황무지가 되었지요

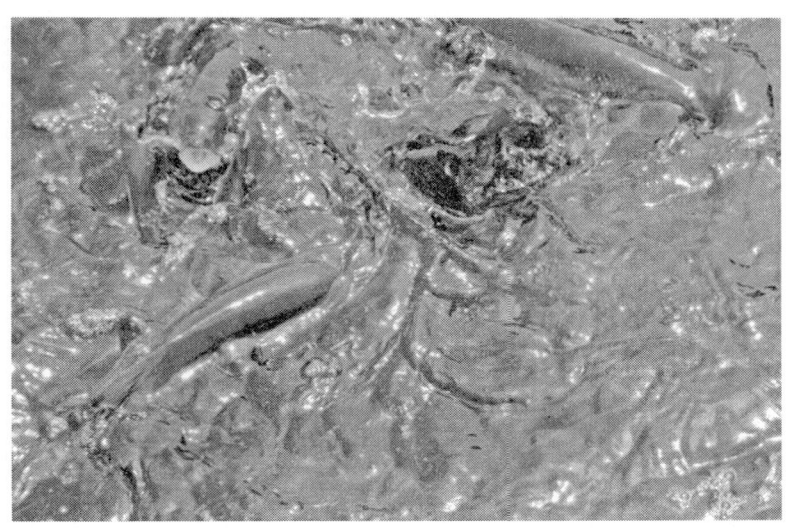

14. 기다림 / 서 라성

기다림에는 허락이 없다
기다림에는 약속도 없다

다만 기다림에는

기다리는 사람의 진심과
기다리는 사람의 정성과
기다리는 사람의 지극함이
있을 뿐이다

15. 꽃으로는 오지 말아요 / 서 라성

눈처럼 햇살처럼
당신이 내렸으면 좋겠어요

당신만을 걸어서
흠뻑 젖었으면 좋겠어요

그러니 제발 그대
제게 오실 때
발 없는 꽃으로는 오지 말아요

□시인 이 향숙
□호: 조은(釣隱)
□출생: 전남 광산군 본량
□아모레퍼시픽 근무
□문학애 참여 시인
□시인의 계절 동인지 시인

단풍 지다

1. 내일을 꿈꾸다
2. 동행
3. 아버지
4. 그에게로 달려가
5. 하루

6. 마음의 집시
7. 열애
8. 할머니의 지팡이
9. 초대
10. 소래 포구에서

11. 별
12. 회귀
13. 단풍 지다
14. 이별
15. 떠 있는 바다

1. 내일을 꿈꾸다 / 이 향숙

어제는
죽을 만큼 힘들었어도
오늘은 웃으며 글을 쓴다

지나간 어제를 쓸 수
있는 지금 나는
행복한 사람이다

2. 동행 / 이 향숙

먼 길 돌아 여기까지
참 힘든 일도 많았지

당신 손안에 내 손 넣고
흐르는 정 느끼며
때론 험한 길도
때론 꽃길도 같이 가야지

돌부리도 걱정 없이
비탈길도 문제없이
부딪히는 모든 건
다 지나갈 거야

늘 곁에 서서
지친 마음 어루만져주고
소리 없이 웃어주는 사람
내겐 꿈같은 그대

3. 아버지 / 이 향숙

막걸리 한잔에
슬픔도 가난도
이겨내시더니

논농사 밭농사
허리가 휘셔요. 아버지

당신 몸 망가지시는데
그저 일 일 일
자식을 위해

객지 나간 자식
행여 오는 날엔
당신 입가엔 함박웃음이

당신 닮은
자식 만두고
영혼 만두고
하늘 가신 아버지

4. 그에게로 달려가 / 이 향숙

내 슬픔, 아픔이
그에게로 달려가
전해질 수 있다면

아마
기쁨도 행복도 닿을 거야

그리움으로 사무쳐
빠알게진 사랑까지
총총 총 달려가
안기겠지

소리도 모양도 없이
스르르 물들어
파아란 두 마음에
연분홍 꽃잎이 날릴 텐데

5. 하루 / 이 향숙

희망의 햇살이
어둠을 부수고
쏟아져 내린다

프리랜서는
햇살을 타고 쏜살같이
일상으로 출근하고

동료들은
오색 햇살과 뒤섞이며
빛으로 서로를 응원한다

하루가 저물어 가고
지친 빛들이 빨갛게 노을 그네를 타면
서로는 서로를 다독이며 등을 밀어
하늘의 별까지 닿게 한다

침대의 반쪽
나는 둥글게 누운 달을 껴안고
행복과 동침을 한다
별을 꿈꾸며

6. 마음의 집시 / 이 향숙

다 가진 듯 좋아하지 마소
그 손 놓는 순간 집시라네

안간힘을 쓰며
붙들고 있다고
다 가진 건 아닐세
마음이 평화로워야지

집시와 부자 사이
놓아버리는 순간과
잡고 있는 현실의 차이라네

붙들 수 있는
희망이라도
있어야 하지

우리네 삶은 그 마저도
없다 하면 집시와
뭐 그리 다르겠는가

7. 열애 / 이 향숙

다섯 발가락, 다섯 발가락에 가득 차고
가슴은 부풀어 산과 같은데
머리는 허공처럼 텅 비었다

마음에서 마음으로 전하고
영혼에서 영혼으로 옮겨가지만

도저히 참을 수 없어
입이 먼저 말을 한다

사랑해 라고

8. 할머니의 지팡이 / 이 향숙

손주, 손녀가 타던
낡아 버린 유모차

누군가의 부축은
마음속 간절한
소망일 뿐
덩그러니 구석에 버려진
유모차가 손 내민다

할머니 손안에
딱딱한 그것은 외로운
마실 길에 길잡이

때로는 수레가 되고
때로는 지팡이가 되어
추억을 끌고 간다
서러움을 달래면서

9. 초대 / 이 향숙

머릿속 확 뒤집어
탁탁 털어내고
뽀드득 헹구어

바람 잘 통하는 정원
햇살 가득한 곳에다
꼬들꼬들하게
말려내고 싶다

가을 향기가
묻어나는 생각이
가득 차도록

10. 소래 포구에서 / 이 향숙

농어민의 땀방울을
소박한 내 주머니와
바꾸어 담아왔다

손가락 사이사이
끼워진 봉지 속에
감사는 덤이었다

시장 밖 수와 진의
노랫소리에선
심장병 아이들의 고통이
마이크를 타고 들리는듯했다

마지막 남은 만 원짜리 한 장을
자선냄비에 쑥 집어넣었다

돌아서는 등 뒤로
아이들의 심장 소리가
두둥두둥 따라 걸어온다

11. 별 / 이 향숙

널 처음 본 순간부터
난 너의 별이 되었어
날마다 너의 창을 소리 없이
반짝이며 비추었지

너의 맘에
기쁨이 도망갈까 봐
나의 사랑이 사라질까 봐
반짝이며 비추었지

먹구름이 가로막고
세찬 비바람이 몰아치고
짙은 어둠이 앞을 가려도

너에게 줄 수 있는
내 사랑 하나는
너의 작은 빛이 되어
내내 반짝이는 일이야

밤이면 환하게 비추는
하늘 등이 되어서

12. 회귀 / 이 향숙

무성했던 잎들은
푸르던 날 어찌하고
빨갛게 타 올라
한잎 두잎 떠나는가

그리움에 마른 가지
구름만 바라보다
햇살에 마음 달래며
오는 봄을 기다리고

바스락 바스락
부서지는 갈바람에
강 건너 울 아버지
기침 소리 따라오네

13. 단풍 지다 / 이 향숙

푸르르다 숨이 차
벌게진 얼굴이여
쉬엄쉬엄 가소서

습기 없는 햇살에
물 한 방울 아끼려
가녀린 잎 태우나

저녁노을 안타까워
가지마다 걸터앉아
그 잎에 물들겠소

늦가을 찬바람에
고요히 떨어져서
나무 이불 되어주니
오는 겨울 따습겠소

14. 이별 / 이 향숙

죽도록 뜨겁게
새빨간 열정을
불태우시더니

슬그머니 가시나요
나뭇가지 사이마다
바람개비 걸쳐두고

노오랗게 알알이
두고 가신 사연으로

이 한 몸 살찌우며
찬바람의 아우성일랑
지난날 열정으로
달랠 테요

15. 떠 있는 바다 / 이 향숙

아래에만 있는가
저기 위를 보아라
거기 바다가 떠 있다

다 포옹하는 너그러움
모난 것 둥근 것 뾰족한 것
모두 채워주는 넓은 품

구름 쪽배 헤매다
어느 곳에 정박할까
고개 숙인 절망아, 목마른 영혼아

하늘을 보라
거기 희망으로 푸릇한 바다가 있으니

☐시인 방 경희
☐호: 향진(向眞)
☐충남 논산 출생
☐동해문학 등단
☐시가 있는 마을회관 동인지 시인
☐시인의 계절 동인지 시인

넌 구월이 좋으니

1. 택배
2. 채움
3. 혜안
4. 상처
5. 한가위

6. 날씬한 달
7. 이승과 저승의 견우와 직녀
8. 곤충의 삶
9. 넌 구월이 좋으니
10. 위로

11. 잃어버린 희망
12. 약 오른 더위
13. 잘 가시게
14. 한바탕 어울림
15. 너와 나

1. 택배 / 방 경희

멀리서 불어오는 바람
그리운 소식 아련한 마음

예쁜 미소 화답으로
흘릴세라 꽁꽁 묶어

바람 끝에 매달아
포장으로 곱게 붙였는데
택배 받으셨나

잠들지 못한 밤
잠결에 놀라시진 않을까

시공간 속 바람으로
전하는 나의 미소 택배

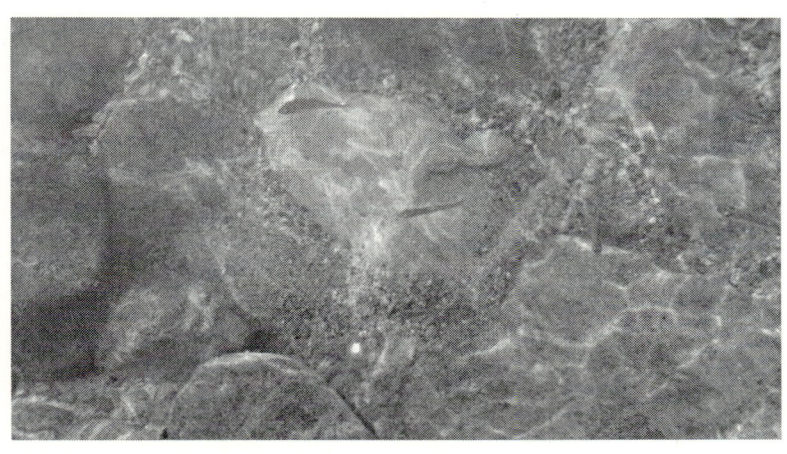

2. 채움 / 방 경희

어둠이 내린 놀이터엔
밤 벌레들이 찾아와 목청껏 소리친다

담장 밖에선 어린애 울음소리
찌르래미 덩달아 울고
귀뚜라미도 따라서 외친다

채워지지 않는 울음은
가로등 밑 그림자 되어 운다
달래지 못한 엄마는 뚝만 외쳐대고
채우지 못한 아이는 악을 지른다

들려오는 개 짖는 소리도 채우지 못함일까?
피 달라 소리치는 모기들에게
다리를 내어주고 선 자릴 일어섰다

달그락 거리는 소리에 아이 울음은 멈추고
줄지어 선 화초들은
뿌려주는 물줄기 받으며
예쁘게 피어나 방긋거리겠지

사랑으로 채워주면 멈춘다

3. 혜안 / 방 경희

눈은 떠도 장님인 걸
나 지금껏 그리 살아왔어요.
보이는 걸 쫓아서

귀는 들려도
이 소리 저 소리 꺼들려 오다 보니
내 길 없었어요

입은 있어도 할 말은 묻어 둔 체
오지랖 넓혀 말하다 보니
부메랑으로 돌아오는 걸

지혜 없는 내 신체는 손발만
뼈마디 부서지도록 빌고 있었어요

지혜를 얻지 못한 눈과 귀 입 몸은
스스로의 허물만을 탓하리.

4. 상처 / 방 경희

도마가 먼지를 뒤집어쓰고
잔잔한 칼자국 상처를 가득 안은 채
길 가 한 모퉁이에 버려져 있다.

난 순간 도마 위에서
상처 난 가슴을 보았다.

톡톡 탁탁 딱딱 딱
자신 위에 난도질해가던 손길은

먹거리 만들어 줄 때
옆에 두어 따뜻한 관리해줬는데

상처 자국마다 곰팡이 피어나
버려진 듯합니다.

버려진 도마에
제 가슴이 베인 듯 따가워 옵니다.

상처 난 가슴을 말려가며
소각장으로 떠날 준비하느라

눈길도 거두고 있었습니다.
나의 모습입니다.

5. 한가위 / 방 경희

곪은 딱지 떼 버리려
유리창에 쓰인 붉은 왕대포
글씨만큼 큰 소망을 적어

아궁이 속 그을음만큼 속이 타
이리저리 채이는
소망 자락 전해보려 까치발로 목을 뺀다.

호흡 멈춘 순간
아! 탄성 소리와 함께
나눠주는 소망 빛

어디쯤 와 있나?
화사하게 웃고 올라서는 님
두 눈에 담긴 한가위만 같아라.

6. 날씬한 달 / 방 경희

손톱 달 만들어 걸어 두고
오며 가며
달의 평 듣나 보다

아! 이쁘다
눈썹 달이다.
손톱 달이다.

견우직녀 만나라고
걸어둔
밤하늘의 배려인가

그네 뛰며 연인 기다리나
외로워서 짝을 기다리나

밤하늘 장난에 갸우뚱
초승달 초선이

어여쁜 목선을 뽐내며
날씬하게 웃고 있었다.

7. 이승과 저승의 견우와 직녀 / 방 경희

떨린 손으로 술잔을 올린다.
한 잔 두 잔
임께 올리고
공손히 절을 한다.

생생한 임 소리
느껴지니
애닲은 이내 마음
설운 맘으로 가득하여라.

목이 메고 어깨가 들썩인다.
붕어빵 자식 남겨 놓고서
급하게 집 나서더니 무소식입니다.
기억 속 그대

변하지 않은 모습일 건데
그대 앞에 가면 다정히 맞아줄지
손잡고
함께 가지 못한 회한만 남습니다.

이 잔은
보고픔에 눈물입니다.

또 한 잔은
야속하고 서러워 흐느끼는 눈물입니다.
폭우는 가슴의 소리인 줄 아소서
야속한 내 사랑아!

8. 곤충의 삶 / 방 경희

풀벌레 영혼은
밤새 교향곡으로 귓가에서
날갯짓으로 유혹하는지

소나비 다녀간 밤하늘
두려움에 떨었던 밤별들
빼꼼 내다보며
방긋 웃고선 사라지네.

마른하늘에 번개는
여름 위엄을 선포하며
천둥 대려다 북을 치니
여린 물잠자리 놀라 가슴 쓸어내리네

랜턴 불빛의 유혹은
곤충을 유혹하며 춤을 추니
아서라,
생명을 내어 놓아야 하는 시간이더라

유혹의 불빛에
파르르 날아드는 하룻밤의 곤충들이여

네 소리. 너의 몸짓 애간장 끊는다
비단개구리 늘어진 다리만큼 평온한 밤
풀벌레와 동침한 사연
몽돌에 새겨두는 시각이었다.

9. 넌 구월이 좋으니? / 방 경희

저 바다에 그물을 던져
그 해 가을을 낚을 수 있으면 좋으련만

기도 올려
그 가을 잡을 수 있다면

무수한 생각 속에서 그 해
가을 시간을 멈출 수 있다면

구월은
통영 바다에 떠 있었고
화장터에서 살라졌다

구멍 난 양말은 울면서
몸살약과 함께
그 해 가을 엄마를 따라갔다

난 그때부터 눈물이 깊어졌다
추석이 다가오니 네가 오나 보다

엄마 따라 간 넌 가을이 좋니?
나의 구월은 참! 아프다.

10. 위로 / 방 경희

강아지 풀 보송보송
높은 허공에 흔들며
그림 그려놓네

눈 길
머물러 함께 그려보네
옥수수밭
어린 소녀
멈추지 못하는 일 손
어머니 알면 서러울까 봐

강아지풀은
그 소녀 마음 쓰다듬네
타국 땅 흙냄새
소식이라도 전해 주어요

함박웃음 지을 텐데
강아지 털 붓은
소녀의
미소를 그려 넣는다

11. 잃어버린 희망 / 방 경희

왜?
무엇 때문에 익지도 않은
어린 감을 따서
한 입 베고선 버려두었을까
발갛게 익는 시간을
기다리는 게 지루했나

익어 가기도 전
손을 타버린
떫은 감은
한 입 베어 먹힌 채
흉한 몰골로
거리에서 쪼그라져 간다

왜 그리
슬퍼 보이는지
맑은 하늘에
붉게 익어 보기도 전
누군가 따 버렸다

영글지 못한 감은
길바닥에 팽겨진 채로
씨와 함께 죽었다.
저 씨앗은
가을을 도둑맞은 체 뒹굴고 있다

12. 약 오른 더위 / 방 경희

여름 더위는
고추에게
약을 바짝 올려서
한 입 베어 무는 순간
톡!
쏘는 눈물을 남기고 떠났다
얼얼해진
입안
그렁그렁한 눈물로
달래며 서있다
여름이여 잘 가요.

13. 잘 가시게 / 방 경희

혼백이여 들리는가
그댈 위해 치는 종소리
먼저 가시게나

뒤따라 갈 터이니
미련은 갖지 마시게나
생과 사 한 호흡에 갈리지만

이내 맘 영원불멸하리
서러워 마시게
오르는 연기에 눈물이 나는구려

오열로
불러 보아도
돌아올 수 없는 강을 건넜구려

종소리 님의 소리
뜨거운
숨결에 잠이 드는 혼백이여

14. 한바탕 어울림 / 방 경희

송사리와
친구하여 뒹굴며
하늘도 뭉게구름과
짝지어
덩실덩실

초록의 숲은
운무 자락 잡아
움켜쥐고선
한바탕
바람 불어오니
하늘하늘
선녀춤으로 흔든다

잠자리 날개옷
말리러
머릿결 위에
살포시 앉아서 졸고 있다

하얀 나비 떼
강아지
풀 위에 자리 잡고서
날갯짓으로
팔랑팔랑
매미떼 울음 달래주며
나풀나풀
깔끔을 떨고 서있는
풀잎은
파르르 털어낸다

발가락 사이
물 흐르니
씩 웃으며
송사리 떼와 몰려다닌다

심술 난 햇살
발갛게 쏘는
눈빛에 뒷목덜미가 따갑다

15. 너와 나 / 방 경희

난 외로웠어
숟가락이 말한다
나도 고독했어
젓가락도 말한다
넌 어딜 보고 있었니
숟가락이 묻자
난 네 옆에 있었어
젓가락이 대답한다

숟가락이
손 내미니
배시시 웃는 젓가락
뚝딱 뚝딱
들려오는 수저 한 쌍의 노래
평화의 식탁 뒤에
흐르는 콧노래 아름다운 아침

詩人의 季節

□시인: 용 환업
□출생: 강원 홍천군
□천원단지 조경팀 근무
□시인의 계절 동인지 시인
□시가 있는 마을회관 동인지 시인

<님 사랑>

1. 계획
2. 깊은 밤
3. 눈물
4. 님 사랑
5. 맑은 사랑

6. 무심한 사람
7. 사랑
8. 사랑의 마음
9. 생각
10. 소녀

11. 슬픔
12. 아내
13. 예술
14. 인생 중년
15. 주말

1. 계획 / 용 환엽

보이시죠
가벼운 느낌

심호흡으로
가려진 상처
웃음으로 맞이한 세레머니

세월 뒤에 찾아진
노력의 스케줄
행복의 미소는 반전 매력 되고

환호 속에 풀 파워
세련미 돋보이는 건
노력의 습관 익혀주는 맛

관대한 여유 생기고
배려의 부드러운 목소리
환상의 호흡 척척 나타난 기쁨

머리 맞댄 너와 나의
솔직한 능력은 맛있는 음식
부르는 내 몸의 계획이련가

2. 깊은 밤 / 용 환 엽

맑은 마음을
깨우네요

보이는 것 모두 열어
다 보이렵니다

알지 못하던 일들에
울컥한 마음인데
쓸쓸하지 않게
눈물이 대신하여 주네요

참으려던 마음
강하였다면 내 너를
보는 마음 영원하였으리

이제는 깨어도
깊은 밤이고 보니

세월의 어깨에
이 마음 걸쳐놓고
등불 켜진 주막으로 남으리요

3. 눈물 / 용 환업

두려움 없이
흐릅니다

거침없이 흘러나와
서러움 씻어 줍니다

억울한 마음 달래주는
호소력 짙은 배짱 있는 눈물

나의 숨은 감정도
말없이 전해주는 느낌에

민망해지도록
가슴 시원하게 웃어주는
사랑의 감성이 풍부해지고요

아리도록 아픈 마음도
씻어주고 그리움 삼킨
목 넘김의 안식처가 되어줍니다

부끄러워하는 모습도
시원하게 웃어버리게 하는
마음의 묘약이 되어 기쁨입니다

4. 님 사랑 / 용 환엽

하늘 한 모금
눈물 한 모금
겹겹이 쌓였던 설움이려나

가슴에 활짝
피어난 꽃이 사랑이더냐
눈물은 흘러도 미소 짓네

안아주려던 마음
허리춤에 감추었나
다정한 말에도 부끄럼 타고

미처 준비 못한 내 모습이
아쉬워 당신 향한 사랑이
서러워 눈물만 흐릅니다

맑은 하늘 좋은 날
흩날리는 꽃들아

나를 부르는 손짓해도
내님 마음 두고 나는 못 가련다
야속타 말거라 내일이 기다려진다

5. 맑은 사랑 / 용 환엽

나의 마음에
사랑이라는 것은
맴돌다가도 돌아오고요

바람이 불면
빙글 돌기도 해요

나뭇잎이
냇물을 따라가기도 하죠

맑은 사랑은
내가 꿈꾸는 아름다움을
모두 갖고 있잖아요

그렇게도 아름다운
사랑을 잃어버리고 싶지않아요

퇴색 된 사랑은 빛을 잃어요
쓸모없게 되어 버리면
바로 잡을 수 없으니

맑은 사랑이 좋은 거지요
같이 있고 싶고 함께 웃어주면
내가 기쁘니까

우리 맑은 사랑을 해요
영원히
영원히

6. 무심한 사람 / 용 환업

사랑한다고 하였지요

까르르 웃는
소식도 전하며
입술도 자기 것 한다더군요

부푼 꿈처럼
마음이 부풀어 올라
하늘의 솜사탕 매일 먹었지요

그 솜사탕이
이젠 사라지네요

너울너울 춤추는
모양에도 방긋하던 마음

소나기에 씻겨버린
마음 같아서
잡초만 무성해집니다

오늘쯤일까
내일쯤일까
역시나 망설이는 마음 뿐

하늘에서 사라진
솜사탕 같은 사람
어찌 이리도 무심 할 가요.

7. 사랑 / 용 환엽

두 눈에 비추어진
아름다움

알 수 없는
심장소리 쿵쿵쿵

긴 머리칼에
은은한 향취는
손끝에 촉감 불러일으키고

꽃잎이 녹아 내리 듯
마음속 애틋함이
물결 따라 살랑살랑 하고

불어 온 바람 시원함에
온 몸을 맡겨 맞이하는 기쁨

길어진 시간.
짧아진 호흡으로
설레임의 부드러운 입맞춤 하고

어깨에 팔 올려
긴 허리 휘감고
마음을 당겨 당혹감을 뚫고
미지의 세계로 이끌림 받는다

8. 사랑의 마음 / 용 환엽

흘러서 눈물인가요
슬퍼서 눈물인가요

보여 지는 마음 없어도
느낌으로 알았나요

구름에 달 감추듯
내 마음 찾아오신 님아
사랑한다구요

흐르는 느낌 속에
내 마음 올라서면
부러울 것 없는 황홀함이죠

마음 따라
생각 따라
펼쳐질 내 사랑아
잘 익은 맛으로 남으라

9. 생각 / 용 환엽

생각의 길이가
놓여있다

문학적 깊은 생각은
지혜의 샘터로 길을 내고

자연의 숨소리 듣는 생각은
깊은 호흡의 명상

짊어진 무게의 생각은
나눔의 눈빛을 반짝이게 하고

반가움으로 맞이하는 손길은
가슴을 열어주는 상념된다

가슴에서 뜨거운 생각은
포근한 사랑 같은 이불이고

내 하나의 생각은
삶의 노란색 황금 들녘이다

10. 소녀 / 용 환엽

순결한 마음으로
풍선처럼 커다란
그림을 그려요

부드러운 탓에
쉽게 눈시울 붉어지지만
새침데기 역할은 주연 배우급

이것저것
호기심은 많아도
가슴 설레이는 겁쟁이

어엿하게 예쁜 얼굴은
밝은 미소로 남자들
줄 세워 따르게 하고

감성 많은 얼굴로
수줍게 다가 와
수채화 담으러 달려가네요

11. 슬픔 / 용 환엽

빛을 잃어 버리고 슬픔과
어두움에 잠겨 버렸던 날들

가진 것 없어
욕심의 바다 채우려
양심을 외면하고 접어든 고생 길

화려한 무대가 그려지지만
둘러싸인 외로움의 담벼락 사이로
원망의 세월도 쌓았구나

내민 손을 잡으려
움켜 쥔 손에는 허공만이 남고
떠나가는 모습은 오열을 안고
찾아오는 눈물이여라

회한의 슬픔을 밀어내고
잃어버린 너의 마음에
사랑의 꽃 피우는 진한 키스 남기리

12. 아내 / 용 환엽

매력 있고
아름답습니다

그래서 보호하고 싶은 맘이
손을 내밀어요

집안일에
무거운 마음 웃어야
예쁘잖아요

바라는 마음은
가볍게 받아들이고
싶은 것이죠

가볍고 쉬운
그러면서 맛있고 기쁘고
행복한 그것을 원합니다

입으로 후 불면
아름다운 사랑 내게도
옵니다

행복한 사랑이
내 가슴에 쓰여 지는 당신은
내 인생의 책이요
교과서입니다

13. 예술 / 용 환엽

부드러움으로
가슴의 노래를 몸짓하고

느끼는 감정
줄줄이 엮어내어 표정 짓고

흥겨움에 살짝
틀어 켠 동작에 신명난다

만개한 꽃들을
흩뿌리는 날개 있는 옷이로다

오고가는 그림 그림
음률에 맞추어 주니
이 또한 멋들어지지 않더냐

그립고 야무진 표정에
너의 시름
나의 시름
잊고서

창공에 띄워진
마음은 알알이 배어진
행복의 모습들 꽃 피어난다

14. 인생 중년 / 용 환엽

꿈도 펼치지 못하고
한 굽이돌고

또 한 인생굽이 넘는 시절
마디마디 엮어가고

수레바퀴 구르듯 굴러서
인생바퀴 다섯 번 구르니
오십이라 반백년 잘 살았나

반겨지는 민요가락
느려지는 행동 따라
마음만은 청춘이라 보여주려
애만 쓰네

꿈들을 접어도
내 인생 값지게 꽃피우는 날
행복의 미소로 마음껏 웃으리

15. 주말 / 용 환엽

흠취 된 기분 업 시키고
색깔 있는 멋스러움 걸치고
스케줄 빵빵 터트리러 간다

스릴 있는 감동의 맛
자기 한 모금 나도 한 모금
우쭐한 상큼함 시원스레 촤악

화끈한 매력의 날짜가
넘어가는 주말에
낭만의 표식 남기고
서산의 노을에 물든 내 얼굴

고마움에 손 흔들고
여과 된 흥겨운 한 마음
내일엔 자양강장제 되리

☐시인 한 혜종
☐호: 송랑(松浪)
☐출생: 경기도 화성
☐음악학원 원장
☐시가 있는 마을회관 동인지 시인
☐시인의 계절 동인지 시인

1. 나는 찬양합니다
2. 잠이 없는 밤
3. 주의 손을 꼭 잡고
4. 삼일 후, 새벽에 당신께 다가가며
5. 주일 새벽

6. 키리에
7. 낡은 가죽부대 같은 내 신앙
8. 고해
9. 에스더의 기도
10. CCTV

11. 신앙인으로 아직 먼 길
12. 복에 복을 더 하소서
13. 일엽편주(一葉片舟)
14. 오르가니스트
15. 당신을 만나는 기도

1. 나는 찬양합니다 / 한 혜종

나는 찬양합니다

입이 둔하여 기도도 못하고
목소리도 형편없을 지라도
나의 순진한 마음을 보시는
주를 위해 찬양합니다

힘찬 내 영혼의 울림이
때론 가녀린 속삭임으로
때론 광대히 선포하기도
천진한 미소와 함께 찬양합니다

나의 작은 목소리를 통하여
주를 영화롭게 밝게 비추며
산제사로 나를 온전히 드리니
찬양으로 거룩하게 하소서

2. 잠이 없는 밤 / 한 혜종

밤새 뒤척이며
잠이 쉽게 오지 않습니다
나는 몸이 아픕니다

반대쪽으로 간신히 돌아누워
창문을 열고 솔솔 들어오는
찬 기운을 느낍니다

바람님도 재우지 못하는 밤
다정한 주의 음성에 귀 기울여
신 새벽을 마중 나갈까요

나의 아픔을 어루만지고
나의 상한 마음을 달래며
나의 분노의 진을 태우시는

주님
이제 잠이 옵니다

3. 주의 손을 꼭 잡고 / 한 혜종

혼자라면 못 갈 것입니다
주님 옆에 계셨기에 여태

지나온 날들은 나를 아시고
함께 눈물 흘리며 잘 견딘 시간들

주인 되신 주님께 한결같은 고백도
사랑합니다 주님을 사랑합니다

모든 두려움을 이기고 인도하시는 대로
주의 손을 꼭 잡고 주의 팔에 의지하여

함께 나와 동행하시는
주님

4. 삼일 후, 새벽에 당신께 다가가며 / 한 혜종

당신과 함께 했던 지난날들
때론 가슴이 벅차고
기뻐 눈물이 흐르고
처음 알았던 순간부터
당신은 이미 나의 주인 이십니다

당신을 무조건 따라다니며
순전한 마음으로 귀를 기울이고
따뜻하고 온화한 목소리에 넋을 잃고
불같이 요동치는 한결같은 내 마음
당신께 귀한 향유를 바쳤습니다

당신이 언제까지 오래오래
내안에 계실 줄 알았는데
그날에 고통도 아픔도
다 악몽처럼 두렵고 떨리고
당신을 지켜주지 못해 미안합니다

여전히 당신향한 두근거림 떨림
첫사랑의 마음을 쓸고 숨을 고르고
다정했던 당신이 보고파서
길가에 백합화 두 손에 가득 들고
사랑하는 내님이 잠든 곳으로

이제 당신께 달려갑니다

— 막달라 마리아

5. 주일 새벽 / 한 혜종

간밤에 꿈을 꾸듯 이리 뒤척 저리 뒤척
깊은 그리움 속에 한 숨이 배이고
음악이 달래주고 벗의 글이 위로하고
그렇게 늘 같지 않은 주일 새벽이 밝았네

오늘은 새벽 차가운 공기를 마셔볼까
찬 이슬 맞으며 달려간 거룩한 곳
겸손히 무릎 꿇고 기뻐 받으시는
경건의 시간

6. 키리에 / 한 혜종

그래도
당신 앞에 나아가 한참을 울고 나니
좀 낫더이다

미주 알 고주 알 종알대며
있는 거 없는 거 푼수처럼 늘어놓고
아차 할지라도 속은
좀 후련 하더이다

나보다 나를 더 잘 아시는 분이니
속상한 거 괴로운 거 내 한숨 하나에
다 아시고 측은히 나를 보시겠지요

어설픈 충고도 야단도 없고
아무리 고백해도 해가 없기에
당신을 믿고 전부를 맡깁니다

Kyrie 키리에
나를 불쌍히 여기소서

7. 낡은 가죽부대 같은 내 신앙 / 한 혜종

새 포도주를 낡은 가죽 부대에 넣지 아니하나니
그렇게 하면 부대가 터져 포도주도 쏟아지고
부대도 버리게 됨이라 새 포도주는 새 부대에
넣어야 둘이 다 보전 되느리라 (마태복음 9:17)

십년 전쯤 내 신앙에 한계를 부딪히고
갈라디아서를 열심히 읽은 적이 있다
율법학자처럼 융통성도 신축성도 없는
나 자신을 회개하고 그때 받은 은혜로
신앙의 한 계단을 성숙한 때가 있었다

또 다시 지금 나는 힘든 신앙생활을 하고 있다
나를 촉촉이 채워주던 주님의 사랑도 무덤덤하고
기쁨과 환희의 지난날을 그리워 한다
첫사랑 내 주님을 처음 만난 뜨거운 감격의
설레이던 순간으로 돌아가고 싶다

낡은 가죽부대를 몽땅 버리고 새 가죽부대로
내속에 잠시라도 머물렀던 죄의 본성까지
쫓아버리고 새로운 마음으로 주를 보자
말씀으로 거룩하게 찬양으로 고백하는
나의 주인 되신 예수님

8. 고해 / 한 혜종

당신은 나를 쉬게 하는
한 그루 느티나무와 닮았습니다

한 여름 무더위를 피해
당신의 그늘 밑에 들어서면
근심도 외로움도 사라지고

시원한 바람처럼
당신의 넉넉한 그늘이
나를 편안하게 하니까요

밤새 잠을 못하고 달려간 곳도
당신 품이고
힘든 하루를 마치고 위로 받음도
당신 품입니다

습관처럼 가면서도 매번 다른
설레임
가끔 나의 변덕이 당신을 홀대해도
늘 변함없이 나를 기다리는 당신

당신을 마음속에 품으면
끝도 없이 행복이 가득하고
그 안에서 한 자락의
근심도 염려도 없이

나는 가장 행복한
당신의 여인입니다

9. 에스더의 기도 / 한 혜종

왕후의 명예도 아름다움도
미리 알고 준비하신
주님의 계획입니다

나를 들어 쓰이길 원하시니
죽으면 죽으리라
담대히 나아 갑니다

죽음 앞에 두렵고 떨리고
그러나 비굴하게 혼자만
살려하지 않겠습니다

나를 홀로 보내신 주님
나의 기도를 들으시고
왕의 마음을 돌이켜 베푸소서

바사의 포로로 불쌍한
내 민족을 구원하시고
내 하나님의 이름을 높이소서

10. CCTV / 한 혜종

하루를 걷습니다
부끄럽지 않게 살았나 보니

모르고 지은 죄도 있고
알고 지은 죄도 있고

일부러 보여지기 위한 선행도
왼손 몰래 오른손이 한 선행도

죄는 무릎 꿇고 회개하고
선행은 지나가는 향기로 남아

하늘님이 기업으로 주신 땅에
단비로 촉촉이 내려지길

11. 신앙인으로 아직 먼 길 / 한 혜종

가끔이라도
두려움에 하늘을 볼 수가
없습니다

내게
많이 화가 나 있을 것 같아서
마주치면 벌 받을까봐 숨죽이고

매일
고난보다 즐거움이 좋아 내 맘대로
원하시지 않는 길로만 요리조리

마라나타
입술로는 힘차게 부르짖으며
마음은 더디 오시길 원하는

에바다
귀 먹고 말 더듬어 소통할 수 없는
열려라 나의 마음이여

나는
아직도 종교인으로 살고
있습니다

12. 복에 복을 더 하소서 / 한 혜종

너를 위해
세상을 만드신 분이
너를 얼마나 사랑하시는지

평강을 주시고
늘 형통하게 하시고
평탄한 길로 인도 하신다

너의 아픔도 아시고
무거운 네 마음의 짐을
모두 지고 가시는 그분

외로울 지라도 기다리라
강하고 담대하게 견디는
너를 위로하고 만지시리니

그분이 네게
복의 복을 더하시도록
언제나 너를 위해 기도한다

13. 일엽편주(一葉片舟) / 한 혜종

넓고 넓은 바다에 홀로 가네

두렵고 떨리고
사나운 파도도 폭풍우도 언제 올지
외롭고 무섭고
망망대해 드넓은 바다에 의지할 이 없는

나는 한 척의 조그마한 배
강한 척 마음 단단히 무장하고
조금씩 앞으로 노를 젓지만
금새 드러나는 두려움에
쉽게 좌절하고 무너지네

나를 도우소서
내게 힘을 주소서
내 항해의 방향을 잡아 주소서
끝까지 나를 포기하지 마소서

넓고 넓은 바다에 나 홀로 간다네
주님 저 앞에서 기다리시네

14. 오르가니스트 / 한 혜종

바흐 토카타 푸가 D단조
하얀 가운을 늘어뜨리고
흐르는 파이프 오르간 소리는
웅장하면서 애처롭다

어릴 적 우연히 접한 소리에 매료 되
발 페달도 독특한
음색도 피아노 보다 어려운
오르간에 도전했다

40년 같이 한 피아노에 비해
함께 한지 겨우 5년
독학으로 노력한 열정이 빛나는

익숙하지 않아 하는 긴장이
늘 설레고 매력적이라
아직도 예배 때 마다
가끔 저지르는 실수도

그래도 피아니스트 보다 더 근사한
주의 전을 촉촉이 은혜롭게 내리는
나는 교회 오르가니스트

15. 당신을 만나는 기도 / 한 혜종

혼자 일어설 수 없을 때
"아네코마이" 내게 기대세요
당신을 지탱하며 지지대가 되드릴께요

무거운 짐 때문에 힘든가요
"바스타조" 같이 들어 드리죠
당신의 짐을 덜어 함께 지고 가요

무엇이 필요한가요
"파가" 도움이 되고 싶어요
당신의 부족한 부분을 채워주고 싶어요

당신을 위한 당신을 만나는 기도
나의 주를 움직이사
불가능한 일을 가능케 하시며
평범한 사람을 비범하게 만드시는

가족의 건강과 평안을 위해
친구의 아픔과 행복을 위해
이웃의 슬픔과 평강을 위해
조국의 안정과 번영을 위해

언제나 당신을 위해 기도합니다
당신의 위로자로 친절한 동역자로

☐시인 허 장강
☐호: 자삼
☐출생: 충북 단양
☐시인의 계절 동인지 시인
☐시가 있는 마을회관 동인지 시인

비

1. 가마니 인생
2. 유월의 태양
3. 단풍나무 그늘 아래
4. 벚꽃이 떠나버리던
5. 님

6. 여자의 마음
7. 청소(덥다 더워)
8. 불효 (논두렁에서)
9. 가을 문턱
10. 첫 직장 경동탄광

11. 세월
12. 비바람
13. 칡넝쿨
14. 목탁소리
15. 비

1. 가마니 인생 / 허 장강

볏짚 한 단 윗목에
한 다발 내려놓고

볏짚 한 잎 끼워
스으윽 탁 스으윽 탁

긴긴밤
동지섣달 가마니
짜니

한 올 엇길 세라
한 짐 들어 맨 눈꺼풀
참아가며

가마니 완성 되어
여기에 담을 인생이
괴롭구나

2. 육월의 태양, 현충일 / 허 장강

대지의 초목들이
어깨가 축 쳐져
생기를 잃었구나

우뚝 솟은 푸른 잣나무만이
위엄 있고 흐트러짐 없이
자세를 갖추고

우렁찬 군가 소리
온 데 간 데 없고
작은 참새 떼만이
힘겨운 날갯짓 하네

폭풍우가 몰아치고
설풍이 불어도
꼿꼿이 서있던 초목들이여

이제
여기모여
숙면을 취하는 구나

3. 단풍나무 그늘 아래 / 허 장강

푸른 눈을 가진 아이
뒤뜰에 나지막이
빨강 머리 풀어 헤치고
외출 준비하는
에스라인의 가을 미녀

오늘도 태양을 거울삼아
독차지 하곤
치장에 여념이 없다

그녀에 머리에 가려
거울 한번 보지 못한
푸른 눈을 가진
소녀들은
까치발 들어 보려 하지만

그녀의 곡선미만
바라보다가
이내 포기한 듯
낮잠 청하네

4. 벚꽃이 떠나버리던 / 허 장강

차갑던 대지에
훈풍이 입맞춤 하고
파릇파릇 새싹이 기지개
편지도
백여 일이 지났구나

지난날
하얀 얼굴로 일찍이
우리의 가슴을 울려놓고

그댄
사랑 나누었던 자리만
여기저기 남겨 두곤

도망치듯 떠났지
이제야 알겠구나

그대 마음을

5. 님 / 허 장강

유월의 태양이
뜨겁다 하지만
그대 끓는 피 보다
뜨거우랴

산천은 그대로인데
불러도 불러도
대답 없는 님이여

세월이 어수선 할때
귀한 생명 義와
바꿨으니

우리네 어찌
꽃향기에
젖어만 있을쏘냐

님이시여
편히 잠드소서

6.여자의 마음 / 허 장강

담장이 높다 한들
그대 향한 맘
어디든 못 가리

이내 몸은
대궐 같은 가옥에서
시집살이 하건만

처녀시절 함께한
낭군은 나의 맘
알리 만무 하거늘

오늘도 그대 그리워
지난날 도포자락에
언약의 표시로 나비 한 쌍
그려둔

담장너머
오고가는 이
뒤 소매만 보고있네

7. 청소(덥다 더워) / 허 장강

누적된 피로
많이도 쌓였네

멋 내던 껍데기 바람에
날려 여기저기
걸터앉았고

짝 잃은 발 냄새
낙엽처럼 뒹구네

사각 양철 판 가득
허기진 배 채운 흔적
덩그러니

침몰한 해적선 유물인가
가족의 행복인가

태풍 되어
날려 보내리

8. 불효 (논두렁에서) / 허 장강

부는 바람 따라 휘날리는
푸른 머릿결이
청춘인 듯

아 ~
검은콩 심었더니
오십여 년 만에
간간이 흰콩이 나왔구나

어찌
흰콩을 수확하여
고향을 찾아갈까

9. 가을 문턱 / 허 장강

저 높은 곳에서
밀고 당기며
누르고 치밀며 풍권이 난무 하더니

난풍이 밀리는 찰나
열기를 삼키고
우수가 곤두박질치더니
반쯤 열린 창문으로
냉기를 몰아넣는 구나

소파에 누워
오후 잠, 청하려 했건만
냉풍을 맞으니
반기지 아니 할까

그대여
아직은 이르니
해바라기 인사할 즘
그때 오시요

10. 첫 직장 경동탄광 / 허 장강

태백산령 너머 너머
깊숙이 자리 잡은 도계여

골짜기 마다
피땀 서린 흑수가 서러움 품고서
한양으로 진격 하네

두더지 새끼들 부양하랴
검은흙 파고 먹고

하루가
가는지 오는지
캄캄한 두더지 굴
오늘도 찾아 왔네

뒤틀린 동발 뒤로 하고
곡괭이질
바쁠세라

11. 세월 / 허 장강

하루하루가
곰팡이 좀 먹듯이
지나가는구나

자아 발견하는 이
자부심은
세월도 잡아먹고

초목들도 세월 쫓아
열매 맺어
대대손손 번창 하거늘

아~
심해에 둥지 튼
오징어
흐르는 세월의
무심함을 알까

어둠은 어김없이
오고가고

12. 비바람 / 허 장강

잿빛구름 낮게 내려 앉아
슬피 우는구나
천상에 喪이 났나 보구나

무거운 꽃다발 머리인
아카시아 아줌니
슬픔에 잠겨 고개 떨구고

이팝 아가씨
살짝이 고개 들어
하늘 보려 애를 써 보지만
쉽지 않구나

곡소리 요란하더니
풍선생 問喪 오자
황소 눈물 떨어진다

대지에 모여든 하객들
슬픔에 잠겨
조용히 고개 숙여
조문 하네

13. 칡넝쿨 / 허 장강

산전 일구어 농사짓던
주인 양반

산허리에   자리 잡고 누운 지
오래 됐고

노송 우두커니 서서
동네 어귀   소식 듣고 싶지만

소식 전해 주는 이
너 뿐인가 싶구나

14. 목탁소리 / 허 장강

다리품 팔아
깊은 계곡에 들어서니
암벽에 걸터앉은
나지막한 집 한 채

카랑 카랑한 고승의
목탁소리
소나무 휘감고 돌아
귓전에 와 닿고

여인의 허리능선
추녀 끝엔
풍경소리 딸랑딸랑
오는 이 반기건만

문지기 사천왕을 보니
지은 죄 많은 놈이라
발이 땅에 붙어
떨어지지 않는 구나

15. 비 / 허 장강

이른 아침 문틈사이로
스며들어온
비에 냉각된 공기가
얼굴에 입맞춤 한다

창문을 열고 얼굴을
내밀어 보니
목욕을 하고 있었다
구지뽕나무
수줍은 듯 고개 떨구고

미안한 마음에
얼른 닫고
흐린 창을 엄지손가락으로
창호지 구멍 내듯 하곤
한참동안 훔쳐보았다

구지뽕 얼굴에 떨어져
자그맣게 들려오는
소리와 매끄러운 살결로
흘려 내리는 맑은 물방울은
흥분하기에
충분했다

내일도 이 구경
또 할 수 있을까
미련이 남는다

□시인: 청아(淸雅) 박 효정
□출생: 충남 당진
□시인의 마을 동인지 시인
□시가 있는 마을회관 동인지 시인
□나들목의 향기 동인지 참여
□마음의 향기가 머무는 곳 동인지 참여

얼룩빼기 사과나무

1. 수제비
2. 얼룩빼기 사과나무
3. 갇혀버린 영혼
4. 인고의 물텀벙이
5. 추장군 오시는 날

6. 무료한 날
7. 쏟아지는 별 아래
8. 아픔 하나
9. 비에 젖은 초록 반란
10. 깊은 밤손님

11. 상념을 세탁한다
12. 떠나고 빈 자리
13. 날아오른 고추
14. 황금 들판과 허수아비
15. 쭉정이

1. 수제비 / 박 효정

밀가루 반죽을
뚝뚝 띠어 애호박 송송송
수제비를 끓여 내시는 어머니

마당 가운데 큰 볏짚 멍석
쑥 향이 날리는 매캐한 모깃불

어머니는
밤 하늘 별을 헤이며 드시는
수제비를 좋아하셨어

수제비를 드시곤
멍석에 누워 노랠 불러 주셨지

아이는 시원한 바람
쏟아지는 별 무리 중
북두칠성을 찾아
손가락 그림을 그렸네

2. 얼룩빼기 사과나무 / 박 효정

자식새끼
주렁주렁 끼고 앉아
환삼덩굴
시집살이 숨 막혀오네

쇠무릎
발길질에 이리저리 채이고
내 새끼 보는 앞이라
눈물만 삼키네

바람 한 점 들어올까
칭칭 감아 옭아메고
햇볕 한줌 들어올까
가시 손 덕지덕지 덮어 놓네

비라도 내리면
밤마다 남몰래 흘린 눈물 자국
지워주리

3. 갇혀버린 영혼 / 박 효정

곪아 터진 입 천장은
이성을 잃고
아침마다
삭신을 에이는 비명소리

국화의 미소
코스모스의 손짓
스쳐 비껴가며
앞만 보고 간다

하루
내겐 턱없이 짧기만 하고
꽉 차여진 시간 속에
숨을 헐떡인다

이 삶이 멋진 삶이라
누구보다 자부하였건만
내 욕심 이란 걸 깨달을 즘
영혼은 그 삶에 지배 속에서
벗어날 수 없음을

4. 인고의 물 텀벙이 / 박 효정

알아주는 이 없어 서러움에 묻혔고
못생겼다 물컹하다 수군거림에
인고의 세월 눈물 속에 흘렸어

시뻘건 태양 아래
살가죽을 벗겨 집게 꼽아
빨래되어 바람 따라 나부 꼈지
나를 알아주는 이 하나둘 늘고

포동포동 알진 몸에 묵은 지 송송
커다란 가마솥에 바글바글 끓이니
수라상에 올려도 남아나지 않으리

바짝 마른 몸을 찜통에 넣고
파 마늘 솔솔 뿌려 김을 올리니
쫀득쫀득 밥 두 그릇 뚝딱 일세

기다린 세월만큼 치솟는 인기에
행복 하다우 누군가 알아준단 거
이런 기분인가 하네

5. 추장군 오시는 날 / 박 효정

웅장한 군사를 대동한
님의 발걸음 앞에
미련의 눈물 한소끔
야반도주를 하네

터져 버린 하늘을
끝없이 솟아오르는 구름
언제 그랬을까 숨 막히도록
싸늘했던 더위

히잉 히잉 말 울음소리를 내며
십만 대군을 몰고 와
숨어 있는 더위마저
내 쫓아 버리네

님 보기 참으로 어렵다
당신 보기 위해 지난여름
전장에서 전사한 모든 이의
넋을 기리네

6. 무료한 날 / 박 효정

문 위에 딸랑이 소리 내어 운다
그곳을 보니 바람이 다녀간다
수화기에서 들려오는 소리
피자 가격이 얼마예요
창밖을 보니 길 건너 편의점 문이 열리고
나오는 이들 손엔 컵라면 하나 캔커피 하나
달랑거리며 흰 봉투 속에 숨어 있다
가게 앞을 당당히 지켜주던
말뚝 풍선 요즘 왠지 힘이 없어 보이고
들여다보니 지나던 이들 화풀이 담배빵
상처로 뚫려버린 심장에선 한숨이 빠져나온다
며칠을 버티는가 싶더니
기어이 힘없이 쓰러진다
천을 다시 사다 입힐까 골똘히 생각을 하다
둘둘 말아 창고에 넣어버렸다
애꿎은 에어컨 온도만 일도 올려본다

7. 쏟아지는 별 아래 / 박 효정

바닷가 둘레 길을 달려
도착한 곳 신두리 해수욕장
모래사장에 발자국을 남기네

올려다본 하늘엔 초롱초롱
별 무리가 온통 하늘을 덮었고
배부른 반달은 우릴 따라 걷는다

바람을 가르며 달리는 강아지
그 뒤를 추격하는 딸들
평화로움이 이런 거구나 싶네

오늘 밤은 캔 커피 하나 손에 들고
별과 바람과 바다와 소곤거린다

8. 아픔 하나 / 박 효정

돌배기 딸아이
처음으로 엄마젖을 떨어져 어린이집을 만났고
떨어뜨린 아가에게 미안해 내 눈물은 논바닥을
적셨어 점심이 오면 끊어질 듯한 허리를 달래며
자전거에 올라타 바람에 눈물을 보내며
어린이집으로 달렸어
그곳엔 젖을 기다리던 울 아가 목이 쉬어라
우는소리가 기다리고 있었지
아가 아가 내 아가 젖을 물리고 오는 길
달리는 자전거 위에 뿌려지는 눈물 비
아이의 재롱을 보며 웃던 가을
아름다운 가을비는 내게 슬픔을 주었어
쓰러져 아파하는 벼들을 모른 척할 수 없었고
논으로 들어가 그들의 손을 잡고 일으켜 세워
묶어 주어야만 했지

9. 비에 젖은 초록 반란 / 박 효정

유난히도 비바람이 많던 가을
통통 영글어 수확을 앞둔 논
가을비의 때림이 얼마나 아팠는지
그를 피해 납작 엎드렸네
순식간에 출렁이던 논에는 누런 장판을
펼쳐 놓은 듯 누워버린 녀석들
지나던 바람은 들고 있던 머리마저
논바닥에 눌러버리고 내년 봄을 꿈꾸며
수확을 기다리던 황금 알들
수렁에서 발버둥을
때는 아니지만 서둘러 새싹을 티우네
생명을 지속시키기 위한 초록이들의 반란
내게 아픔 하나였었어

10. 깊은 밤손님 / 박 효정

어젯밤 늦게 그분을 보았다
밥상 들고 들어가면 내려 놓기도 전에
망미 여수야 이리 와 노래 좀 불러야
망미 여수 또 지랄하네 하시며 웃으시던 분
논길 하나 건너 사시던 그분
좁은 방안에 앉은 생활 10년 답답도 하셨으리라
나 니 집 좀 귀경시켜 다구
그 말씀에 어디서 용기가 났는지
마루 끝에 앉혀 등에 업었다
그분의 무거운 삶을 등에 지고 한발 한발
논길을 내디뎠다
우리 가는 길 옆에서 초록 손들이 환호하며
응원의 박수를 보내 주었고
후들후들 떨리는 다리
땀구멍마다 흐르는 땀방울
걸음마 연습을 하는 아이처럼 넘어지지
않으려 긴장에 긴장을 더하며 논두렁을
건너 침대에 털썩 내려놓고
우린 좋아라 손뼉을 쳤고
일 다녀 오신 어머님 아버지 찾아 삼만 리
그날 난 어머니께 니 아버지 논에 거꾸로
박히면 어쩔라구 업고 왔냐!

꾸중을 들었고 아버지와 난 빙그레 웃었다

16년 전 그날이 아직도 생생히 기억하는데
그분은 더 이상 함께 할 수 없다
뇌출혈로 나비 되어 멀리멀리 떠나셨다
어젯밤 그분을 보았다
넓은 집에 친척들 바글거리고
방안에 그분이 앉아 계셨다
신랑 모르게 떡을 사가지고 갔는데
신랑은 나보다 먼저 떡을 사들고 그곳에 있었다
아버지는 좋아라 웃으시며 친척들과 이야기하시고
집에 오는 길 마당 옆으로 눈이 큰 예쁜 고양이들
저수지를 지날 때 고라니인지 망아지인지 모를
동물이 뛰어간다 내 입에서 아가 뛰지 마 저수지
지나면 차가 많이 다니는 찻길이다 하고 소릴 지르니
놀랍게도 말을 한다
알아욧!
울 엄마 죽기 전에 7년 동안 매일 하던 소리예욧!
그래서 전 한 번도 저수지 끝을 나가보지 않았어요
당차고도 귀여운 그 녀석
오늘은 무슨 일이 있으려나

※망미는 동네에 있는 깊은 산입니다

11. 상념을 세탁한다 / 박 효정

삐그덕 거리며 돌아가는
그 속에 지글거리는 나의
생각들을 넣고
더는 떠들지 말라고
제발 조용하라고
끝을 알리는 삐삐 소리
더 이상 꼬질 거림도
썩어 문드러진 생각들도
존재하지 않기를 원한다
굳게 닫힌 생각과
파르르 떨리는 입술
빠져버린 진액을 주워 담는
벙어리는 혼자 앉아 있다

12. 떠나고 빈 자리 / 박 효정

밀물처럼 꾸역꾸역 모여
모래 불볕을 즐긴다

타들어 가는 모래를 끌어안고
식어버린 마음을 데우네
붉은 하늘과 모래
그 위를 뒤덮었던 인파들

썰물 되어
모레와 하늘은
황금 빛 여유로움 갈아입고
남은 이를 몰아낸다

넓은 백사장엔 갈매기뿐
늙은 낙엽 하나 골목을 달리고
내 눈은 그를 따라 달리며
눈물 한 움큼 떨군다

13. 날아오른 고추 / 박 효정

땡볕 더위
붉게 익은 고추들
답답한 그곳을 떠나
날아올랐네

빨랫줄을 고무줄 삼아
뛰어도 보고
바지랑대 꼭대기
대롱대롱 다이빙도 하고

멀리서 바라만 보던
어여쁜 코스모스
두 팔로 살며시 안아보네

반짝이는 거미줄 멍석에 누워
하늘을 보노라면
멍석주인 두 눈 부라리고
아잉 윙크에 얼굴 붉히는
거미 아저씨

하늘과 땅 사이
그곳엔 사랑과 자유가
익어가네

14. 황금 들판과 허수아비 / 박 효정

옥구슬 하늘바다
황금물결 일렁이고
이삭 패는 소리 소곤소곤

참새들 살금살금
벼이삭 훔치다
우뚝 솟아 쳐다보는
허수아비 두 눈 딱 마주치고
화들짝 놀라 뽀르르 날아가네

귀여운 재롱에
아빠 미소 허수아비
알면서 가끔은 못 본 척
눈 감아 주고

주인 올까
두리번두리번 망까지 봐주니
들판엔 언제나 행복이 넘치네

15. 쭉정이 / 박 효정

알곡은 곡간으로
나머진 퇴비장에
버려진다지

모두가 알곡이 되고 싶어 할 때
난 쭉정이로 남아 눈물 흘렸어

난들 어찌
쭉정이 되고 싶었겠나

어쩌다 보니
빛을 볼 수 없었고
바람을 잡을 수 없었고
목마름에 허덕이면서도
물을 먹을 수가 없었어

네 탓도 내 탓도 아닌 걸
누굴 탓하리
퇴비장 그곳에선
나도 대접받는 알곡이라네

내가 없으면 너도 없고
네가 없으면 나도 없는 게
세상이라네

詩人의 季節

☐시인 나 영민
☐호: 진화(眞花)
☐출생: 부산광역시
☐현대시선 등단
☐시인의 계절 동인지 시인
☐시가 있는 마을회관 동인지 시인

인간관계

1. 꽃들이여
2. 창고에 갇힌 날
3. 계절 꽃
4. 고난(苦難)
5. 무덤은 말한다

6. 인간관계
7. 진정할 지어다
8. 백년지기 인연
9. 누룽지 한 그릇
10. 생각의 나래

11. 햇볕 쪼이기
12. 순수를 본다
13. 하루 살아내기
14. 화단에서 피어난 그리움
15. 그리운 고향

1. 꽃들이여 / 나 영민

벌 나비가 아니어도
순간은 너무도 감사한 일
너도나도 바쁜 걸음 멈춰
한 번만이라도 앉아다 가길

잠시 피운 인생 길목
친구라 좋고 이웃이라 좋다
무엇을 바라겠는가
이만하면 행복하지 않는가

산들바람 푸른 들녘
한 송이 꽃이 아니기에
너도 꽃 나도 꽃 꽃길의 속내는
어쩜 질투의 진한 향기

방긋 웃었다
살짝 흔들거렸다
빨갛게 노랗게 하얗게
수많은 경쟁자들의 작은 움직임.

2. 창고에 갇힌 날 / 나 영민

탱자나무 둘러친
저 안의 범접할 수 없는 곳
언제나 동경의 대상
부러움에 오가며 먼발치

늦봄 집으로 오는 길
산 넘고 개울 건너 논두렁 길
유행가 목청 높여 삼삼오오 합창
개구쟁이 다섯 명의 범띠 가시나들

오늘은 꼭 이루어 내리라
가위바위보 대장의 지시 아래
두 명은 가방과 망을 보는 조
세 명은 전투도 실전에 뛰어든다

살구나무 다람쥐가 되어
옷자락 가득 담고 돌아서는 길
아이코 야단법석이다
도망가란다 주인이 떴다는 신호

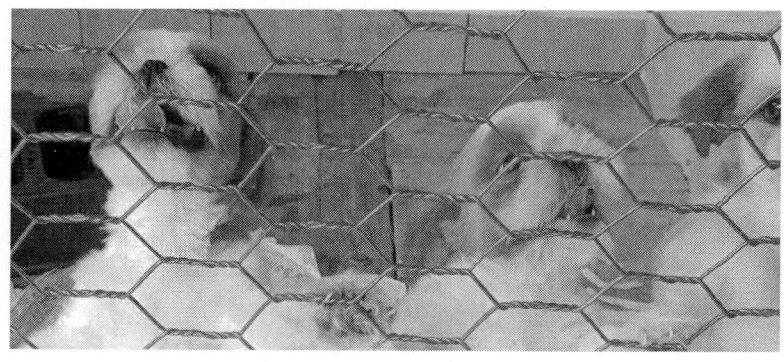

3. 계절 꽃 / 나 영민

계절이란 이런 맛
주인공이 있다. 굳이 말하지 않아도
어울려 어색하지 않고
어딘가 모르게 돋보이는 매력

들녘에 수많은 푸름 중에
유달리 가슴 한 곳을 뛰게 하는
가을을 타고 온 가녀린 그녀는
온통 내 마음을 흔들어 놓는다

계절 꽃이 아름다운 이유
충분하지 않는가? 가슴속에 꼭 박혀
봄 여름 가을 겨울 사계절
넌 누구라고 절로 머릿속에 떠올리니

아가가 엄마를 부르듯
친숙한 계절 꽃
가을의 코스모스 한 송이에
눈을 뗄 수가 없어 사진 한 장에
지나가는 가을을 부여잡고 있다.

4. 고난(苦難) / 나 영민

밤새 차가운 빗방울
목탄 메마름에 갈증인지라
온종일 맞아도 이 비가 좋다

견디면 좋은 날 올 것이라
사막의 이슬 한 방울에도
꿋꿋이 살아가는 이들도 있듯

한 달 두 달 달 가듯
세지 않는 하루하루
묵묵히 살아내는 우직한 삶
맺음이라는 결과는 있으리라.

5. 무덤은 말한다 / 나 영민

여름내 무성한 잡초
풀숲이라 봉 초자 묻혀
발길 뚝 끊긴 외로운 산속
이승과 저승이 고립된다

혹 지나는 멧돼지 놈
눈을 부라리며 냄새 쫓아
흙이라도 뒤집을까 가슴 졸이고
햇살이 좋아 풀벌레들 쉬어가는 곳

단지 한 줌 흙으로
자연으로 돌아가는 사연은
이승의 수많은 흔적의 고리들
하나하나씩 끊겨 삭혀 썩어가고

앞서거니 뒤서거니 해도
백 년 지기 이승의 삶
여기 누워 백 년이면 진정한
질 좋은 한 줌 흙이 될 수 있을까

6. 인간관계 / 나 영민

밥 한 끼 합시다
차 한 잔 합시다
몇 년을 두고 인사치레
그 한 끼 한잔이 뭐라고

내 나이 모레이면…….
뭐 하나 잘난 것 없는데
명색이 여자이라고 콧대
결코 콧대가 아니기에 이런다

인간관계란 묘하다
어디서 만나 어떻게
전개되어 펼쳐 보이는가
젊은 시절은 아니기에
두루두루 좋은 관계를 맺고 싶다

이웃도 친구도 지인도
톡 쏘지 않는 뚝배기 은근한 맛
서로 위해주고 보듬고 가는 생
동행이란 선상에 온정이고 싶다.

7. 진정할 지어다 / 나 영민

울컥 서러움이 속을
천 갈래 만 갈래 휘젓는다
우산 받쳐 들고 무작정 나선 길
귓전에 잔잔한 음악이 깔린다

시냇물 흙탕물 되어
울렁울렁 너울거리고
반딧불 반짝반짝 별 없는 밤을
보석 되어 수놓는다

저 멀리 아홉 산자락
가로등 불빛 휘돌아 감기 우고
타닥타닥 빗소리 정겨우니
불같았던 서러움은 사그라지고

고요한 정적 속으로
내 마음 접어들고 순간 찾아드는
평온함에 발길 돌려 집으로 향한다
교회당 십자가 불빛이 유달리 밝다.

8. 백년지기 인연 / 나 영민

아련한 빛 속으로
기억을 던져 넣어본다
무심결에 건져지는 사연은
그 사람과의 첫 만남이다

뽀얀 피부에 얼굴선이
매끄럽고 너무 고와 좋았다
만화 속 귀공자의 부드러움
알 수 없는 매력은 다정했다

사랑은 무엇에 홀렸을까
한날한시도 보지 않으면
애끓는 가슴앓이로 애달프고
수많은 고난으로 맺어진 인연

살아보면 살다 보면
그저 미지근하여 정으로
측은지심으로 살아간다 하거늘
수긍하는 옛말에 빙긋 웃어본다.

9. 누룽지 한 그릇 / 나 영민

으스스 한기가 돌고
빗줄기는 추적추적
밤새워 내릴 것 같은 예감
쌀뜨물을 진하게 받았다

이런 날 고향집
무쇠 솥 아궁이 벌겋게 타
들어가는 불이 그리운 건 무엇일까
타닥타닥 불꽃의 이글거림

전해오는 열기에
누룽지 구수한 향기는
솥뚜껑을 비집고 새어 나와
허기진 식욕에 입맛을 당긴다.

10. 생각의 나래 / 나 영민

처마 밑 낙숫물 떨어져
토탁토탁 박자를 맞추니
수세미 양반 구렁이 담 넘어
능청스레 너울거리고

장독간 수호신 고목이 된
엄나무 아가 잎 빗방울에
흔들거리며 팔랑이니 오랜만에
젖어드는 한낮의 여유로움

장독 뚜껑은 빗물을 담고
참새 떼 불러들여 목욕시키고
맑은 물 다시 곱게 받아
잿빛 구름 살포시 떼어 담금질

뜨거운 태양 아래
묵은 때 바득바득 문질러
담 위에 얹어 물길 빠지면
날 좋은 햇볕 바람에 널어
뽀송하게 말리고 싶은 마음이다.

11. 햇볕 쪼이기 / 나 영민

저 자린 사계절 햇볕
바싹 마르는 건조한 곳
올 늦봄엔 마늘과 양파가
우르르 모여 태양광을 쪼였다

몇 발짝 나가면 큰 찻길
시골 인심은 경찰도 부러워하는
든든한 배짱으로 대문 없이
백구 강아지 한 마리면 족하다

이젠 참깨가 줄을 세운다
하늘바라기 깨알 같은 알
작은 씨방에 모여 한껏 잠을 잔다
좀 지나면 두들겨 맞을 것도 모른 체

기다란 막대기로
사정없이 두드리니 정신은
혼비백산 이리저리 뛰쳐나온
팔짝거린다. 호떡집에 불났다.

12. 순수를 본다 / 나 영민

은은한 아이보리빛
흰색의 부담감을 덧발라
온화한 누나 같은 꽃이여

들꽃은 들녘에서
최고의 아름다움을 발하며
살랑살랑 불어오는 바람에
소녀 같은 여심을 담는다

순수함으로 바라보면
작은 마음도 전해져오고
발걸음 멈추고 마주하니
오직 너와 난 욕심 없는 동심

13. 하루 살아내기 / 나 영민

해 뜨면 시작하는
일개미의 천직처럼
잠시 앉아 쉬기도 불안
여유로운 삶은 아니기에

애초부터 꿈꾸지 말라
찌르 찌르 찌르르
가을 노랫소리 청아함에
왜 이리 서글퍼 오는지

이내 신세 서럽다 한들
풀벌레가 다독여 줄 것도
아닌 것을 한 가닥 마음 실어
위로받고자 함은 무엇인가

말 못할 벙어리 냉가슴
한탄한들 삶은 내 것이고
이 또한 순응하여 지켜내니
살아 숨 쉰다는 것만 해도 복이라

14. 화단에서 피어난 그리움 / 나 영민

해마다 이쯤이면
화단이란 작은 울타리에
어머님을 생각게 하는 꽃
연분홍 별꽃이 화사하게 핀다

벌써 9년인가
세월은 말을 타고 달렸나
내일모레면 10년이니 강산이
변하여도 몇 번을 변했을 것을

꽃을 너무도 사랑하여
사계절 화분마다 꽃 세상
다음에 저 세상 가면 보러올 땐
빨간 장미꽃을 누누이 말씀하셨는데

무덤가 빛바랜 조화는
영혼 없다. 싫어하셨던 어머님
꿩의 비름을 유달리 사랑하였기에
화단의 꽃은 내겐 그냥 꽃이 아니다.

15. 그리운 고향 / 나 영민

소라의 꿈이
뭍으로 올라 담장에 앉았다

밤이면
철썩철썩 파도 소리
달빛에 스르르 녹아들고

양수 속에 품은
태아는 어렴풋이 엄마를 느끼듯
바람에 묻어오는 소금기에 젖는다

멀리서 들려오는
갈매기 소리 환청이 되어
아련하고 언제 품으로 돌아가려나

가을바람 스산하니
한가위 둥근 보름달 반짝이는
물빛 내 고향 향수에 눈물짓는다

- 시인 범당(梵堂) 양상원
- 출생: 전남 곡성
- 대한법률학원 원장
- 시사 문단 등단
- 시인의 계절 동인지 시인
- 시가 있는 마을회관 동인지 시인
- '풍차 돌리는 정치마을' 발표
- '하얀 들꽃' 발표

흰 양말과 어느 노점상의 딸

1. 1990년 달동네 여름 풍경
2. 흰 양말과 어느 노점상의 딸
3. 사랑은 입술입니까
4. 바다 향이 그리운 그 여름 밤
5. 어느 날 오후의 재회

6. 돌담
7. 매미와 수도자
8. 그대가 품은 그 달은
9. 지우고 다시 쓰자
10. 한계령 넘어 내님이

11. 100m 달리기
12. 갈매기
13. 아버지의 편지
14. 오월의 어머니
15. 백화점 양복 코너에서

梵堂 詩 사진협찬: 조미선 (*표시)

1. 1990년 달동네 여름 풍경 / 양 상원

새벽부터 길 나선 김씨는
헛품에 소주 한 병 허리에 차고
아침에 가게 연 박씨는
금싸라기 손님을 기다린다.

아홉 시도 되기 전에 취한 이씨는
비틀비틀 담배 연기 내뱉고
폐지 줍는 황씨 머리 위에
땡볕이 물길 여니

짤랑짤랑 가벼운 할머니 지갑에
산등성마다 들어찬 무허가 서울 인심
사계절 내내 시끄러운 전쟁터이었는데

지금은 성 같은 아파트 들어차고
달동네인가 해동네인가 보이지 않는다.

2. 흰 양말과 어느 노점상의 딸 / 양 상원

가난한 노점상 리어카 위에서
어느 행인이 주인이 될까 설렜습니다.

하루 이틀 사흘
색색들이 예쁜 언니 양말들은
짝을 찾아 리어카를 벗어날 때
밤마다 달촌 언덕길을 뒤따라가며
노점상 머리 위에 앉은 별들을 보았지요.

그러다 변변한 직업이 없는
어느 가난한 총각 손에 이끌려 갈 때
손 흔드는 노점상을 몇 번이고 뒤돌아봤습니다.

다음날 또 다음날
밤마다 빨래줄 위에 널린 하얀 양말은
아침이면 그대의 작업화 속에 들어간 후
저녁마다 녹초가 된 채 빠져나와
다시 새벽을 준비 했습니다.

땀으로 젖은 몸이 쉴 틈도 없이
매일 스며드는 내음 속에
꿈 많았던 하얀 색도 변해가고

세월은 흘러
낡고 헤질수록 정이 든 어느 밤
그대의 발에서 벗겨진 하얀 양말은
누렇게 멍이 든 채 버려졌습니다.

여전히 달촌의 별들은
눈가에 번지며 수북이 쌓이는데
누가 주인이 될지 몰라 설레던
노점상 딸의 기억도 누렇게 변색되어
밟히고 구겨진 채로 가을 속에 나뒹굴고 있습니다.

3. 사랑은 입술입니까 / 양 상원

붉은 립스틱 고쳐 바르고
매일 같이 속삭였네. 아침 점심 저녁으로
'사랑합니다 사랑합니다'
진심이란 말은 뺀 채

고백을 한 만큼 입술도 지워지고
그럴 때마다 더 붉게 치장을 하며
그대 귀에 아름다운 목소리로
사랑합니다를 외치지만
마흔이 다 되도록 짝을 찾지 못했다

아직도 나는 매일매일
더 크고 아름다운 목소리로
그대를 향하여 사랑합니다를 연습한다.

'사랑합니다. 고객님'
'사랑합니다. 고객님'
당신의 거친 말은 빼고요

4. 바다 향이 그리운 그 여름 밤 / 양 상 원

솔솔 부는 바람이
하얀 긴 치마를 밀쳐내는
그 해 여름 밤

당신의 눈빛이 슬퍼보였던 것은
떨리는 눈동자 속에
내 얼굴이 있었기 때문이었겠지요.

아름다워서 당신을 사랑한 것인지
그대가 먼저 사랑한다고 얘기할 것만 같아서
더 사랑했는지 가늠하지 못해도
우린 무척이나 사랑했습니다.

그것이 두고두고
그리움이 될 줄 모른 채

5. 어느 날 오후의 재회 / 양 상 원

그때 우리는 헤어진 것입니까?

버스를 타고 흐르는 불빛이
멍울져 볼 수 없었던 그날을 잊을 수 없으니
맞나봅니다.

우리는 정말로 사랑한 것입니까?
스쳐간 많은 사람 중에
꿈에라도 보고 싶은 사람이 그대밖에 없으니
맞나봅니다.

왜 내가 보고 싶었습니까?
아프니까요.
그대만큼 나도 아프니까요.
보지 않고선 못 견디게 아프니까요.

지난 날 우리는 행복했을까요?
휴일이면 그대에게 맨 먼저 달려가
함께 밥을 먹으며 까르르 웃곤 했죠.

비오는 날이면 늦은 밤까지
'잘 자'를 몇 번이나 말하고
다시 전화를 들어 노래를 불러주곤 했죠.

낯선 도시라도 가는 날이면
버스에서 내려 공중전화박스에서
그대를 찾았고

홀로 먼 길을 다녀오는 날이면
제일 먼저 그대에게 달려가
반짝이는 눈망울을 보며 꼭 안아주었죠.

그대도 아세요?
모든 사랑은 끝 사랑을 이기지 못한다는 것
그래서 이제 돌아가야 합니다.

오래 동안 기억해줘서 고맙습니다.
그대와 헤어짐이 아픔이었지만
나만큼 그대도 아팠다기에
이젠 잊을 수 있을 것 같아요.

그러나 아직도 그대보다 더 사랑하고 있기에
이젠 만나지 못할 이유가 되었어요.

안녕

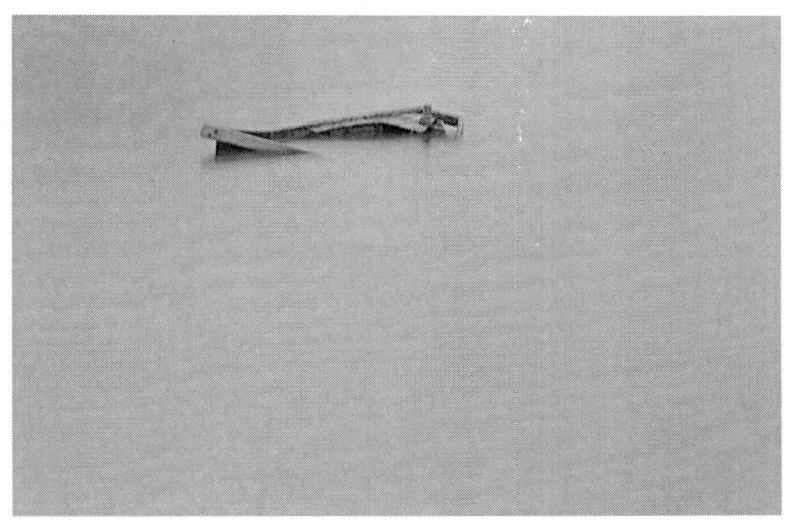

6. 돌담 / 양 상 원

넘어오지 마세요.
금으로 그어도 넘어올까 봐
돌담을 높게 쌓았습니다.

대문을 만들었지만, 후문은 없습니다.
당당하게 대문으로만 들어오세요.

담을 넘어오신다면
당신은 도둑입니다.

문을 두드리고,
주인이 열어주었을 때만
정문으로 당당하게 들어오세요.

7. 매미와 수도자 / 양 상원

하루살이는 하루를 살다가니
우주는 하루에 다 걸려있고

매미는 칠일을 울다 가니
일주일간 우주를 논하다 간다

사람들이여,
나무 위 칠일만 서글퍼 마소서

사계를 일곱 번, 벽면수도하면
깨치지 못할 우주가 몇이나 될꼬

8. 그대가 품은 그 달은 / 양 상원

어느 날
그대가 품어라 한 그 달을
가슴에 품었습니다.
하얀 마음이 눈이 부셔
노랗게 보이는 그대 얼굴이 된 후

초승달이 되었다
보름달이 되었다
하현달이 되었다
그러다 그믐달이 된 후
사라졌다 할 즈음에
다시 빠끔히 얼굴을 내미니

그댄 나의 벗입니까?
만인의 벗입니까?

9. 지우고 다시 쓰자 / 양 상원

밭에서 풍성한 수확물을 거뒀다면
이제 그 흔적들 모두 뽑아내고
땅을 뒤엎어 보자

기력이 쇠한 땅은
더 깊게 파헤친 후 두엄을 듬뿍 주고
새로운 씨앗을 심어보자

말뚝도 다시 세워 망치로 박은 후
새 이름도 붙여주고
거둬들인 가지들은 불태워 버리자

다시 시작하는 거야
이 여름이 다 가기 전에
날 푸른 바람에도 매일 일어서는 들풀처럼

10. 한계령 넘어 내님이 / 양 상원

안개 낀 대관령을 넘어갈 때면
버스는 몸체를 흔들어 곡예 운전하니

어머닌 어쩌다 다녀온 길의
아찔한 체험을 얘기하며

절대로 강원도 사람과는
사돈 안 맺겠노라 다짐했는데

다 큰 아들은
한계령을 넘어 다니며
예쁜이를 데려왔네!

11. 100m 달리기/ 양 상원

심장이 벌컥벌컥 뛴다.
아직 출발선인데

얼굴이 상기되어 있다.
아직 출발도 안했는데

함성이 귓전에 맴돈다.
탕 소리도 없는데

탕~ 탕탕탕
가슴에 쏟아지는 화약 한 발...
뛰자

엄마 아빠 보고 계신 거죠?
할머니만 보인다.
할머니,
저 꼴찌해도 괜찮죠?

이놈아 괜찮다.
달리기 잘해서 뭐하게
공부만 잘하면 된다.

푸른 하늘에 오월이 코앞
첫사랑보다 가슴이 더 뛰었던
100m달리기 속에 할머니가 있다.

12. 갈매기 / 양 상원

먼 바다 날아오른
갈매기 하나

뜬 구름 파란 하늘
하얀 파도

바닷가 노닐지 못한
어린 시절

이제 와 보니
갈매기가 있었네

13. 아버지의 편지 / 양 상원

어버지 기침 전에
일어나야 하고
늦게 귀가하시더라도
먼저 자서는 안 되며
출장 갔다 다녀와도
엎드려 큰절 올려야 했네

혹여 아버지 허물이 보이더라도
말해서는 안 되며
오직 '예' 라고 대답했네

편지를 쓰더라도
'부모님 전상서'
'불초소자 올림'이었네

그러나 어머니와 다투실 땐
어머니와 한편 되었네
그래서 아버지 사랑을 많이 잃었네

그 아버지,
3년 전 고향에 내려가셨네!

그 아버지,
오늘 아침 못난 아들에게
문자로 긴 편지글 보내셨네

끝 문구가
'아버지로부터'이었네

14. 오월의 어머니 / 양 상원

파란 하늘에 구름마저 하얀
산들은 푸르러 꽃들마저 붉은 오월에
봄이 무르익는다.
열매도 없이

따가운 뙤약볕에 바람마저 거센
산들은 푸르러 꽃들마저 붉은 오월에
어머니 허리가 굽어간다.
청춘도 없이

15. 백화점 양복 코너에서 / 양 상원

어느 백화점 신사복 코너
눈이 가면 손이 간다.
걸쳐보고 입어보며
거울 앞에 서니
잘록한 점원이 콧소리로
멋지네요. 어울리네요.

기분 좋게 가격표 보고 깜놀할 때
어느새 슈퍼 갑이 된 종업원
대형마트에서 걸친 옷 서너 벌 값
여기선 한 벌 값도 안 돼

휙 주고 나올 적에
종업원 웃으며 째려보니

이보소,
그래도 이 몸이 댁보단 부자요 하니
맘만 엄청난 부자겠지~
말 거드는 아내~★

詩人의 季節

시인의 계절

발　행 2016년 10월 01일	
저　자 양상원 나영민 박효정 허장강 　　　　한혜종 용환업 방경희 이향숙 　　　　서라성 어성달	인 지 생 략

발 행 인 양상원

발 행 처 대한법률학원(주)

출판사업국 : 서울시 영등포구 문래동2가 25-1 종도빌딩 3층

대한법률학원 : 02-2068-3488

본서의 작품들은 지적재산권이 보호됩니다.

정가 11,000원